100만 중국어 학습자가 선택한 중국어 회화 시리즈 베스트셀러!
『맛있는 중국어』 회화 시리즈가 6단계로 개편됩니다.

구판

맛있는 중국어
Level ❶ 上

맛있는 중국어
Level ❶ 下

맛있는 중국어
Level ❷

맛있는 중국어
Level ❸

맛있는 중국어
Level ❹

맛있는 중국어
Level ❺

최신 개정판

맛있는 중국어
Level ❶ 첫걸음

맛있는 중국어
Level ❷ 기초 회화

맛있는 중국어
Level ❸ 초급 패턴1

맛있는 중국어
Level ❹ 초급 패턴2

맛있는 중국어
Level ❺ 스피킹

맛있는 중국어
Level ❻ 중국통

100만 독자의 선택
맛있는 중국어 시리즈

회화

첫걸음·초급
▶ 중국어 발음과 기본 문형 학습
▶ 중국어 뼈대 문장 학습

초·중급
▶ 핵심 패턴 학습
▶ 언어 4대 영역 종합 학습

맛있는 중국어
Level ❶ 첫걸음

맛있는 중국어
Level ❷ 기초 회화

맛있는 중국어
Level ❸ 초급 패턴1

맛있는 중국어
Level ❹ 초급 패턴2

맛있는 중국어
Level ❺ 스피킹

맛있는 중국어
Level ❻ 중국통

기본서

▶ 재미와 감동, 문화까지 **독해**
▶ 어법과 어감을 통한 **작문**
▶ 60가지 생활 밀착형 회화 **듣기**

▶ 이론과 트레이닝의 결합! **어법**
▶ 듣고 쓰고 말하는 **간체자**

맛있는 중국어 독해 ❶❷

NEW맛있는 중국어 작문 ❶❷

맛있는 중국어 듣기

NEW맛있는 중국어 어법

맛있는 중국어 간체자

비즈니스

맛있는
비즈니스 중국어
Level ❶ 첫걸음

맛있는
비즈니스 중국어
Level ❷ 일상 업무

맛있는
비즈니스 중국어
Level ❸ 중국 출장

맛있는
비즈니스 중국어
Level ❹ 실전 업무

▶ 비즈니스 중국어 초보 탈출! **첫걸음**
▶ 중국인 동료와 의사소통이 가능한 **일상 업무편**
▶ 입국부터 출국까지 완벽 가이드! **중국 출장편**
▶ 중국인과의 거래, 이젠 자신만만! **실전 업무편**

쉽게! 재미있게! 가볍게! 반복적으로!
다양한 무료 콘텐츠로 『맛있는 중국어』를 즐기세요!

 워크북(별책)

본책에서 학습한 내용을 복습할 수 있습니다.

 핵심 문장 카드

4단계의 핵심 문장을 정리해 놓았습니다. 잘라서 카드 링으로 연결하면 학습하기 편리합니다.

단어 카드(PDF 파일 다운로드)

각 과의 학습 단어가 정리되어 있습니다. 파일을 다운로드하여 스마트폰 등에 담아 틈틈이 단어를 암기할 수 있습니다.

 복습용 워크시트(PDF 파일 다운로드)

각 과의 학습 단어와 핵심 문장을 써보며 복습할 수 있습니다.

 암기 동영상

깜빡이 학습법으로 각 과에 나온 모든 단어를 자동으로 암기할 수 있습니다.

트레이닝 듣기

각 과의 시작 페이지에 있는 QR 코드를 스캔하면 듣고 따라 말하는 트레이닝 버전의 듣기 파일을 들을 수 있습니다.

 유료 **동영상 강의**(할인 쿠폰 수록)

초급 학습자들을 위해 중국어의 핵심 어법과 회화, 듣기를 혼자서 학습할 수 있게 알려 줍니다.

최신 개정

맛있는 중국어
Level ④ 초급 패턴2

JRC 중국어연구소 기획·저

맛있는 books

최신 개정

맛있는 중국어 Level ❹ 초급 패턴2

제1판	1쇄 발행	2005년	6월	15일
제2판	1쇄 발행	2012년	2월	1일
제2판	49쇄 발행	2021년	2월	20일
제3판	1쇄 발행	2021년	4월	30일
제3판	6쇄 발행	2024년	9월	25일

기획·저	JRC 중국어연구소
발행인	김효정
발행처	맛있는books
등록번호	제2006-000273호

주소	서울시 서초구 명달로 54 JRC빌딩 7층
전화	구입문의 02·567·3861 l 02·567·3837
	내용문의 02·567·3860
팩스	02·567·2471
홈페이지	www.booksJRC.com

ISBN	979-11-6148-056-5 14720
	979-11-6148-051-0 (세트)
정가	16,000원

© 맛있는books, 2021

『맛있는 중국어』 회화 시리즈는 중국어를 '쉽고 재미있게' 배울 수 있도록 2002년부터 JRC 중국어연구소에서 오랫동안 연구 개발한 교재입니다. 2002년 처음으로 교재로 사용되었으며, 2005년 정식 출간된 후 다양한 교육 현장에서 사용되어 베스트셀러로 자리매김하였습니다. 이후 한 차례의 개정을 통해 지금까지 모두 100만 부가 판매되는 놀라운 기록을 달성하였습니다.

『맛있는 중국어』 최신 개정판은 몇 년 전부터 기획되어 진행되었으며 오랜 고민과 노력을 통해 재탄생하였습니다. 중국어를 쉽고 재미있게 배워야 한다는 기존 콘셉트를 최대한 유지하면서, 시대의 변화를 반영하고 학습의 편의성을 실현하는 데 개편의 중점을 두었습니다.

기존의 『맛있는 중국어 Level ①~⑤』는 『맛있는 중국어 Level ①~⑥』 총 6단계로 개편되었으며 듣기, 말하기, 읽기, 쓰기를 모두 자연스레 익힐 수 있도록 구성하였습니다.

제1단계, 제2단계는 중국어 발음과 기초 회화 학습에 중점을,
제3단계, 제4단계는 중국어의 뼈대를 세우고 어순 훈련 및 회화 학습에 중점을,
제5단계, 제6단계는 상황별 회화와 관용 표현 및 작문 학습에 중점을 두었습니다.

별책으로 제공되는 『워크북』에는 효과적인 복습을 도와주는 학습 노트를 담았으며, 「복습용 워크시트」, 「단어 카드」 등을 별도로 구성하여 학습에 도움을 주고자 최대한 노력하였습니다.

중국어를 어떻게 하면 잘할 수 있을까요?
영어처럼 10년을 공부하고도 한마디도 말할 수 없다면……

『맛있는 중국어』 회화 시리즈는 여러분이 맛있고 재미있게 중국어를 학습할 수 있도록 모든 재료를 갖추어 놓았습니다. 하지만 여러분이 직접 요리하지 않는다면 소용없겠죠? 언어는 어떻게 시작하느냐가 중요합니다. '읽기 위주의 학습 습관'에서 벗어나, 어린아이가 처음 말을 배울 때처럼 '귀로 듣고 입으로 따라하기' 위주로 중국어를 시작해 보세요. 그리고 꾸준히 즐겁게 학습해 보세요! 어느새 중국어가 입에서 술술~ 재미가 솔솔~ 여러분의 향상된 중국어를 체험하실 수 있을 겁니다.

지금까지 현장에서 끊임없이 의견을 주신 선생님들과 최고의 교재를 만들고자 오랜 고민과 노력을 기울인 맛있는북스 식구들, 그리고 지금까지 『맛있는 중국어』를 사랑해 주신 모든 독자분들께 다시 한번 감사의 인사를 전하며, 이 책이 여러분의 중국어 회화 성공에 도움이 되기를 진심으로 바랍니다.

JRC 중국어연구소 김효정

차례

맛있는 중국어 Level ④ 초급 패턴2

과	단원명	핵심 문장	학습 포인트		플러스 코너
1	我是来学汉语的。 나는 중국어를 배우러 왔어요.	• 我是来学汉语的。 • 越来越多了。 • 我韩语说得不太好。	표현	학습에 관해 묻고 답하기 첫 만남에 필요한 표현 익히기	문화 중국의 한류 열풍
			어법	是…的 越来越…	
2	我学了一年半汉语了。 나는 1년 반 동안 중국어를 배웠어요.	• 我是来中国以后才正式 开始学的。 • 我学了一年半汉语了。 • 刚开始我觉得很难。	표현	학습의 기간 묻고 답하기 시간의 양에 대한 표현 익히기(1)	문화 중국어의 외래어 표기
			어법	부사 才 시량보어(1) 刚	
3	麻烦您请他接电话。 번거로우시겠지만 그에게 전 화 좀 받아 달라고 해 주세요.	• 喂，是龙龙家吗? • 麻烦您请他接电话。 • 请慢慢儿地再说一遍。	표현	전화번호 묻고 답하기 부탁 표현 익히기	문화 중국인이 좋아하 는 숫자&싫어하는 숫자
			어법	请 구조조사 地 동량사 遍	
4	你对足球感兴趣吗? 당신은 축구에 관심이 있나요?	• 你对足球感兴趣吗? • 我不但喜欢看足球, 而且喜欢踢足球。 • 那可不一定!	표현	취미 묻고 답하기 점층 표현 익히기	그림 단어 스포츠
			어법	对…感兴趣 不但A，而且B 不一定	
5	对不起，我恐怕去 不了。 미안해요. 나는 아마 못 갈 것 같아요.	• 今晚你有空吗? • 我恐怕去不了。 • 你会看得懂的。	표현	약속 관련 표현 익히기 가능·불가능 표현 익히기	문화 중국 영화의 거 장_장이머우 (张艺谋)
			어법	恐怕 가능보어 不了 会	
6	我一喝酒就脸红。 나는 술만 마시면 얼굴이 발 개져요.	• 来一个鱼香肉丝。 • 今天我请客，别客气! • 我一喝酒就脸红、 头疼。	표현	음식 주문 관련 표현 익히기 '~하자마자 ~하다' 표현 익 히기	문화 중국요리 이름으 로 재료와 맛을 알 수 있을까?
			어법	来 别 一…就…	
7	高铁票卖光了。 가오티에(고속 열차)표는 다 팔렸어요.	• 高铁票卖光了。 • 十三个小时左右。 • 请让我看一下你的 护照。	표현	기차표 예매 관련 표현 익히기 어림수 표현 익히기	게임 퍼즐
			어법	결과보어 光 左右 让	

맛있는 중국어 Level ❶ 첫걸음 & ❷ 기초 회화

『최신 개정 **맛있는 중국어 Level ❹ 초급 패턴2**』는 실생활에서 가장 많이 쓰이는 핵심 구문과 듣기 코너로 자신감 있게 중국어 회화를 말할 수 있도록 구성되어 있습니다.

학습 포인트

주요 학습 내용과 핵심 패턴을 미리 확인할 수 있습니다. 말하기 연습을 할 수 있는 「트레이닝 듣기」는 예습용 또는 복습용으로 활용해 보세요.

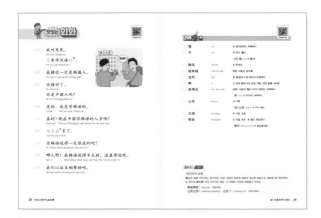

맛있는 회화

일상생활과 밀접한 주제로 대화문을 구성하여 실용적이며 각 과의 핵심 표현이 녹아 있어 자연스럽게 어법 학습이 가능합니다.

단어

학습 단어를 알아보기 쉽게 정리했습니다.

플러스 TIP

학습과 관련된 표현이나 다양한 단어를 제시하여 풍부한 학습 정보를 담았습니다.

맛있는 어법

중국어 어법의 뼈대를 다질 수 있습니다. 각 과의 핵심 어법이 체계적으로 정리되어 있으며 「확인 체크」를 통해 학습 내용을 점검할 수 있습니다.

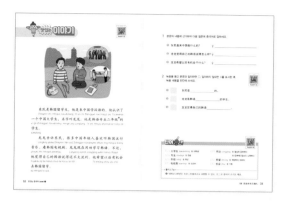

맛있는 이야기

「맛있는 회화」의 내용과 표현을 활용한 단문을 읽고 문제를 풀며 독해 학습을 할 수 있습니다.

맛있는 듣기

대화를 듣고 다양한 문제를 풀고, 받아쓰기를 하며 듣기 능력을 향상시킬 수 있습니다.

연습 문제

말하기, 읽기, 쓰기, 번역 등 다양한 문제로 각 과의 학습 내용을 충분히 복습할 수 있습니다.

플러스 코너

「중국 문화」, 「그림으로 배우는 단어」, 「게임으로 즐기는 중국어」 등 다양한 코너를 통해 중국어 학습에 재미를 더했습니다.

종합 평가

4단계의 주요 학습 내용으로 문제가 구성되어 있습니다. 문제를 풀며 자신의 실력을 체크해 보세요.

핵심 문장 카드

4단계의 핵심 문장을 정리해 놓았습니다. 녹음을 들으며 중국어가 자연스럽게 나올 때까지 연습해 보세요.

워크북(별책)

빈칸 채우기, 질문에 중국어로 답하기, 해석하기, 중작하기 등 다양한 코너로 학습한 내용을 복습해 보세요.

🎁 무료 콘텐츠

단어 카드(PDF 파일)

각 과의 학습 단어가 정리되어 있습니다. PDF 파일을 다운로드하여 스마트폰 등에 담아 틈틈이 단어를 암기할 수 있습니다.

복습용 워크시트(PDF 파일)

각 과의 학습 단어와 「맛있는 회화」 & 「맛있는 이야기」의 핵심 문장을 써보며 복습할 수 있습니다.

암기 동영상

깜빡이 학습법으로 각 과에 나온 모든 단어를 자동으로 암기할 수 있습니다.

* 단어 카드, 복습용 워크시트는 맛있는북스 홈페이지의 「**자료실**」에서 다운로드할 수 있습니다.

🎧 MP3 파일 듣는 방법

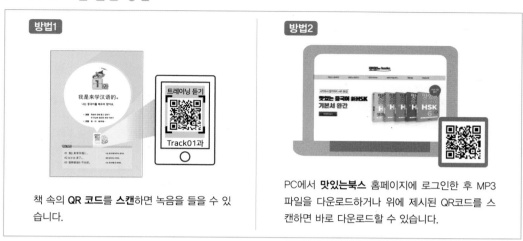

방법1

책 속의 **QR 코드**를 **스캔**하면 녹음을 들을 수 있습니다.

방법2

PC에서 **맛있는북스** 홈페이지에 로그인한 후 MP3 파일을 다운로드하거나 위에 제시된 QR코드를 스캔하면 바로 다운로드할 수 있습니다.

🎧 MP3 파일 폴더 구성

1 　**본책**　 본책의 「맛있는 회화」, 「단어」, 「맛있는 이야기」, 「맛있는 듣기」, 「연습 문제」, 「종합 평가」, 「핵심 문장 카드」 등의 녹음 파일이 들어 있습니다.

* **트랙 번호 보는 방법**　　과 번호 ――――――　　　―――― 트랙 번호

2 　**트레이닝**　 각 과의 시작 페이지에 있는 **트레이닝 듣기**의 녹음 파일이 들어 있습니다.

3 　**워크북**　 별책으로 제공되는 워크북의 녹음 파일이 들어 있습니다.

4 　**단어 카드**　 무료 콘텐츠로 제공되는 단어 카드의 녹음 파일이 들어 있습니다.

🎧 트레이닝 듣기 MP3 파일 구성

단어	중국어-우리말 듣기 → (한 단어씩) 따라 읽기 → 우리말 듣고 중국어로 말하기
↓	
맛있는 회화	중국어 듣기 → (한 문장씩) 따라 읽기 → 우리말 듣고 중국어로 말하기
↓	
맛있는 이야기	중국어 듣기 → (한 문장씩) 따라 읽기
↓	
맛있는 듣기	중국어 듣기 → (한 문장씩) 따라 읽기

📖 본책 🎧 트레이닝 듣기 📕 워크북

📑 단어 카드 ▶️ 암기 동영상 📄 복습용 워크시트

WEEK 01

Day 01	Day 02	Day 03	Day 04	Day 05
월 일	월 일	월 일	월 일	월 일
📖 17~26쪽	📖 27~31쪽	📖 32~38쪽	📖 39~43쪽	📖 44~50쪽
	📕 2~4쪽	📕 5쪽 📄 1과	📕 6~8쪽	📕 9쪽 📄 2과
🎧 0과	🎧 📑 ▶️ 1과	🎧 📑 ▶️ 1과	🎧 📑 ▶️ 2과	🎧 📑 ▶️ 2과

WEEK 02

Day 06	Day 07	Day 08	Day 09	Day 10
월 일	월 일	월 일	월 일	월 일
📖 51~55쪽	📖 56~62쪽	📖 63~67쪽	📖 68~74쪽	1~4과 내용 복습
📕 10~12쪽	📕 13쪽 📄 3과	📕 14~16쪽	📕 17쪽 📄 4과	
🎧 📑 ▶️ 3과	🎧 📑 ▶️ 3과	🎧 📑 ▶️ 4과	🎧 📑 ▶️ 4과	

WEEK 03

Day 11	Day 12	Day 13	Day 14	Day 15
월 일	월 일	월 일	월 일	월 일
📖 75~79쪽	📖 80~81쪽	📖 82~86쪽	📖 87~91쪽	📖 92~93쪽
📕 18~19쪽	📕 20~21쪽	📄 5과	📕 22~23쪽	📕 24~25쪽
🎧 📑 ▶️ 5과	🎧 📑 ▶️ 5과	🎧 📑 ▶️ 5과	🎧 📑 ▶️ 6과	🎧 📑 ▶️ 6과

WEEK 04

Day 16	Day 17	Day 18	Day 19	Day 20
월 일	월 일	월 일	월 일	월 일
📖 94~98쪽	📖 99~103쪽	📖 104~105쪽	📖 106~110쪽	5~7과 내용 복습
📄 6과	📕 26~27쪽	📕 28~29쪽	📄 7과	
🎧 📑 ▶️ 6과	🎧 📑 ▶️ 7과	🎧 📑 ▶️ 7과	🎧 📑 ▶️ 7과	

WEEK 05

Day 21	Day 22	Day 23	Day 24	Day 25
월 일	월 일	월 일	월 일	월 일
111~115쪽	116~117쪽	118~122쪽	123~127쪽	128~129쪽
30~31쪽	32~33쪽	8과	34~35쪽	36~37쪽
8과	8과	8과	9과	9과

WEEK 06

Day 26	Day 27	Day 28	Day 29	Day 30
월 일	월 일	월 일	월 일	월 일
130~134쪽	135~139쪽	140~141쪽	142~146쪽	
9과	38~39쪽	40~41쪽	10과	8~10과 내용 복습
9과	10과	10과	10과	

WEEK 07

Day 31	Day 32	Day 33	Day 34	Day 35
월 일	월 일	월 일	월 일	월 일
147~151쪽	152~158쪽	159~163쪽	164~170쪽	171~175쪽
42~44쪽	45쪽 11과	46~48쪽	49쪽 12과	50~52쪽
11과	11과	12과	12과	13과

WEEK 08

Day 36	Day 37	Day 38	Day 39	Day 40
월 일	월 일	월 일	월 일	월 일
176~182쪽	183~187쪽	188~194쪽		
53쪽 13과	54~56쪽	57쪽 14과	11~14과 내용 복습	핵심 문장 카드 + 종합 평가
13과	14과	14과		

저는 베이징에서 중국어를 배우고 있는
한국 유학생 이동민(李东民 Lǐ Dōngmín)입니다.
베이징에서 중국어를 공부한 지 벌써 1년 반이 지났어요.
처음에는 중국어를 한마디도 할 줄 몰랐는데,
지금은 중국 친구들과 꽤 유창하게 중국어를 할 수 있어요.
샤오잉(小英 Xiǎoyīng), 안나(安娜 Ānnà), 마이크(迈克 Màikè),
왕 선생님(王老师 Wáng lǎoshī)과 즐겁게 베이징에서 생활을 하며
새로운 중국 친구 룽룽(龙龙 Lónglong)도 사귀게 되었어요.
우리 함께 맛있는 중국어를 공부해 보아요! 加油!

일러두기

◆ 품사 약어표

품사명	약어	품사명	약어	품사명	약어
명사	명	고유명사	고유	조동사	조동
동사	동	인칭대사	대	접속사	접
형용사	형	의문대사	대	감탄사	감탄
부사	부	지시대사	대	접두사	접두
수사	수	어기조사	조	접미사	접미
양사	양	동태조사	조		
개사	개	구조조사	조		

◆ 고유명사 표기

① 중국의 지명, 기관 등의 명칭은 중국어 발음을 우리말로 표기하는 것을 원칙으로 했습니다.
단, 우리에게 한자 독음으로 잘 알려진 고유명사는 한자 독음으로 표기했습니다.

예 北京 Běijīng 베이징   万里长城 Wànlǐ Chángchéng 만리장성

② 인명은 각 나라에서 실제로 읽히는 발음을 우리말로 표기했습니다.

예 李东民 Lǐ Dōngmín 이동민   张小英 Zhāng Xiǎoyīng 장샤오잉   安娜 Ānnà 안나

0과

3단계
복습

트레이닝 듣기

Track00과

1 헷갈리기 쉬운 양사

	양사	명사		양사	명사
门 mén	과목	문	碗 wǎn	공기, 그릇	공기, 그릇
家 jiā	집	집, 가정	口 kǒu	식구	입, 입맛
块 kuài	덩어리, 조각	덩어리, 조각	头 tóu	마리	머리, 꼭대기
把 bǎ	자루	손잡이, 핸들			

2 동사 중첩 & 형용사 중첩

① 동사 중첩

단음절 동사 (AA, A一A)	看 kàn ➡ 看看 kànkan / 看一看 kàn yi kàn
이음절 동사 (ABAB)	休息 xiūxi ➡ 休息休息 xiūxi xiūxi

② 형용사 중첩

단음절 형용사 (AA)	大 dà ➡ 大大 dàdà 很大大 (X) 好 hǎo ➡ 好好儿 hǎohāor 很好好儿 (X) 慢 màn ➡ 慢慢儿 mànmānr 非常慢慢儿 (X)
이음절 형용사 (AABB)	高兴 gāoxìng ➡ 高高兴兴 gāogaoxingxing 很高高兴兴 (X) 漂亮 piàoliang ➡ 漂漂亮亮 piàopiaoliàngliàng 非常漂漂亮亮 (X)

3 방향보어

他不在家，已经出去了。 그는 집에 없고, 이미 나갔어요.
Tā bú zài jiā, yǐjīng chūqu le.

장소 목적어의 위치

동사 + 장소 목적어 + 방향보어 (来/去)

下个星期他回美国去。   다음 주에 그는 미국으로 돌아가요.
Xià ge xīngqī tā huí Měiguó qù.

4 결과보어

긍정문	동사 + 결과 보어
부정문	没(有) + 동사 + 결과 보어

① 在(zài)：我住在学校附近。 Wǒ zhùzài xuéxiào fùjìn. 나는 학교 근처에 살아요.

② 好(hǎo)：我准备好了。 Wǒ zhǔnbèi hǎo le. 나는 준비가 다 됐어요.

③ 见(jiàn)：刚才我看见他了。 Gāngcái wǒ kànjiàn tā le. 방금 나는 그를 봤어요.

④ 完(wán)：妈妈已经做完饭了。 Māma yǐjīng zuòwán fàn le. 엄마는 이미 밥을 다 했어요.

⑤ 懂(dǒng)：我没听懂。 Wǒ méi tīngdǒng. 나는 듣고 이해하지 못했어요.

⑥ 到(dào)：我没看到长城。 Wǒ méi kàndào Chángchéng. 나는 만리장성을 보지 못했어요.

⑦ 错(cuò)：那是我的书包，你拿错了。 그것은 나의 책가방이에요. 당신이 잘못 가져갔어요.
　　　　　　 Nà shì wǒ de shūbāo, nǐ nácuò le.

⑧ 给(gěi)：我一会儿就还给你。 Wǒ yíhuìr jiù huángěi nǐ. 내가 곧 돌려줄게요.

5 정도보어

기본 형식	동사/형용사 + 得 + 정도보어

你说得很快。 Nǐ shuō de hěn kuài. 당신은 말이 빨라요.

긍정문	(동사) + 목적어 + 동사 + 得 + 정도보어

妈妈(做)菜做得很好吃。 Māma (zuò) cài zuò de hěn hǎochī. 엄마는 요리를 맛있게 만들어요.

부정문	동사 + 得 + 不/不太 + 정도보어

他(打)篮球打得不好。 Tā (dǎ) lánqiú dǎ de bù hǎo. 그는 농구를 못해요.

의문문	동사 + 得 + 정도보어 + 吗? 동사 + 得 + 정도보어 + 不 + 정도보어?

他(踢)足球踢得好吗? Tā (tī) zúqiú tī de hǎo ma? 그는 축구를 잘 하나요?

她(唱)歌唱得好不好? Tā (chàng) gē chàng de hǎo bu hǎo? 그녀는 노래를 잘 불러요, 못 불러요?

6 가능보어

긍정문　　동사 + 得 + 결과/방향보어 : ～할 수 있습니다

作业我都做得完。 Zuòyè wǒ dōu zuò de wán. 숙제를 나는 다 끝낼 수 있어요.

부정문　　동사 + 不 + 결과/방향보어 : ～할 수 없습니다

我听不见你的声音。 Wǒ tīng bu jiàn nǐ de shēngyīn. 나는 당신의 목소리가 들리지 않아요.

의문문　　동사 + 得/不 + 결과/방향보어 + 吗? : ～할 수 있습니까 / 없습니까?
　　　　　 동사 + 得 + 결과/방향보어 + 동사 + 不 + 결과/방향보어?
　　　　　 : ～할 수 있습니까, 없습니까?

我的话你听得懂吗？　　 나의 말을 당신은 알아들을 수 있나요?
Wǒ de huà nǐ tīng de dǒng ma?

我的话你听得懂听不懂？　 나의 말을 당신은 알아들을 수 있나요, 없나요?
Wǒ de huà nǐ tīng de dǒng tīng bu dǒng?

7 了

① 了₁ (어기조사)

他回家了。 Tā huí jiā le. 그는 집으로 돌아갔어요. [동작의 발생]

我走了。 Wǒ zǒu le. 나 갈게요. [변화: 가는 동작이 완료된 것은 아님]

② 了₂ (동태조사)

긍정문　　동사 + 了 + (수식어) + 목적어 : ～했습니다 (동작의 완성, 실현)

他喝了一瓶啤酒。 Tā hēle yì píng píjiǔ. 그는 맥주 한 병을 마셨어요.

부정문　　没(有) + 동사(了를 붙이지 않음) + 목적어 : ～하지 않았습니다

他没出去, 在家呢。 Tā méi chūqu, zài jiā ne. 그는 나가지 않고, 집에 있어요.

의문문　　동사 + 了 + 목적어 + 吗? : ～했습니까?
　　　　　 동사 + 了 + 목적어 + 没有? : ～했습니까, 하지 않았습니까?

你看了很多书吗？ Nǐ kànle hěn duō shū ma? 당신은 많은 책을 봤나요?

你看了很多书没有？ Nǐ kànle hěn duō shū méiyǒu? 당신은 많은 책을 봤나요, 안 봤나요?

8 선택의문문

A + 还是 + B

他是中国人还是韩国人？ 그는 중국인이에요, 아니면 한국인이에요?
Tā shì Zhōngguórén háishi Hánguórén?

9 동태조사 着

동사 + 着 : ～한 채로 있습니다

门开着，电视也开着。 문이 열려 있고, 텔레비전도 켜져 있어요.
Mén kāizhe, diànshì yě kāizhe.

10 正在…(呢)

긍정문
① 주어 + 正在/在 + 동사 + (呢)
② 주어 + 正 + 동사 + 呢   : ～하고 있는 중입니다
③ 주어 + 동사 + 呢

我们正在上课(呢)。 우리는 수업하고 있어요.
Wǒmen zhèngzài shàng kè (ne).

부정문
주어 + 没(有) + 在 + 동사 + (呢)

弟弟没在玩儿电脑，他在看书。 남동생은 컴퓨터를 하지 않고, 그는 책을 보고 있어요.
Dìdi méi zài wánr diànnǎo, tā zài kàn shū.

11 개사

① 往(～를 향하여) : 在十字路口往右拐。 사거리에서 우회전하세요.
　　　　　　　　　　Zài shízì lùkǒu wǎng yòu guǎi.

② 到(이르다, 도착하다) : 我到学校了。 Wǒ dào xuéxiào le. 나는 학교에 도착했어요.

③ 从(～부터, ～에서) : 从这儿到邮局远吗? 여기에서 우체국까지 멀어요?
　　　　　　　　　　Cóng zhèr dào yóujú yuǎn ma?

④ 离(～에서, ～로부터, ～까지) : 学校离我家很近。 학교는 우리 집에서 매우 가까워요.
　　　　　　　　　　　　　　Xuéxiào lí wǒ jiā hěn jìn.

12 비교문

① 比

긍정문   A + 比 + B + 술어 : A는 B보다 ～합니다

今天比昨天热。 Jīntiān bǐ zuótiān rè. 오늘은 어제보다 더워요.

A + 比 + B + 还/更 + 술어 : A는 B보다 더 ～합니다

飞机比火车还快。 Fēijī bǐ huǒchē hái kuài. 비행기는 기차보다 더 빨라요.

부정문   A + 没有 + B + 술어 : A는 B만큼 ～하지 않습니다

首尔没有北京大。 Shǒu'ěr méiyǒu Běijīng dà. 서울은 베이징만큼 크지 않아요.

② 跟…一样

기본 형식   A + 跟 + B + 一样/不一样 : A는 B와 같습니다 / 다릅니다

她的衣服跟我的一样。 Tā de yīfu gēn wǒ de yíyàng. 그녀의 옷은 내 것과 같아요.

구체적 표현   A + 跟 + B + 一样 + 술어 : A는 B와 같이 ～합니다

今年夏天跟去年一样热。 Jīnnián xiàtiān gēn qùnián yíyàng rè. 올해 여름은 작년과 같이 더워요.

13 把자문

긍정문   주어 + 把 + 목적어 + 동사 + 기타 성분

小李把词典带来了。 Xiǎo Lǐ bǎ cídiǎn dàilai le. 샤오리는 사전을 가지고 왔어요.

부정문   주어 + 不/没 + 把 + 목적어 + 동사 + 기타 성분

小李没把词典带来。 Xiǎo Lǐ méi bǎ cídiǎn dàilai. 샤오리는 사전을 가지고 오지 않았어요.

◆ 표시된 부분을 제시된 단어로 교체 연습을 하며 3단계의 주요 회화를 복습해 보세요.

1 일상생활 말하기

A 你现在住在哪儿?
Nǐ xiànzài zhùzài nǎr?
당신은 지금 어디에 살아요?

B 我住在留学生宿舍。
Wǒ zhùzài liúxuéshēng sùshè.
나는 유학생 기숙사에 살아요.

Track00-01

❶ 韩国首尔 한국 서울
Hánguó Shǒu'ěr

❷ 学校附近 학교 근처
xuéxiào fùjìn

❸ 朋友家 친구의 집
péngyou jiā

2 동시 동작 말하기

A 你现在做什么呢?
Nǐ xiànzài zuò shénme ne?
당신은 지금 무엇을 하고 있어요?

B 一边做作业，一边听音乐。
Yìbiān zuò zuòyè, yìbiān tīng yīnyuè.
숙제를 하면서 음악을 들어요.

Track00-02

❶ 喝可乐 콜라를 마시다
hē kělè

吃汉堡包 햄버거를 먹다
chī hànbǎobāo

❷ 唱歌 노래를 하다
chàng gē

跳舞 춤을 추다
tiào wǔ

3 동작의 완료 말하기

A 你买了什么?
Nǐ mǎile shénme?
당신은 무엇을 샀어요?

B 我买了两件毛衣。
Wǒ mǎile liǎng jiàn máoyī.
나는 스웨터 두 벌을 샀어요.

Track00-03

❶ 吃两个面包 빵 두 개를 먹다
chī liǎng ge miànbāo

❷ 喝一瓶啤酒 맥주 한 병을 마시다
hē yì píng píjiǔ

❸ 看很多书 많은 책을 보다
kàn hěn duō shū

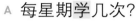

4 동작의 횟수 말하기

Track00-04

> A 每星期学几次?
> Měi xīngqī xué jǐ cì?
> 매주 몇 번 배워요?
>
> B 每星期学三次。
> Měi xīngqī xué sān cì.
> 매주 세 번 배워요.

❶ 做一次 한 번 하다
zuò yí cì

❷ 去两次 두 번 가다
qù liǎng cì

❸ 看四次 네 번 보다
kàn sì cì

5 정도 표현 말하기

Track00-05

> A 他踢足球踢得好吗?
> Tā tī zúqiú tī de hǎo ma?
> 그는 축구를 잘 하나요?
>
> B 他踢足球踢得很好/不好。
> Tā tī zúqiú tī de hěn hǎo / bù hǎo.
> 그는 축구를 잘해요. / 그는 축구를 못해요.

❶ 做菜 요리를 하다
zuò cài

❷ 说汉语 중국어를 말하다
shuō Hànyǔ

❸ 打篮球 농구를 하다
dǎ lánqiú

6 길 묻고 답하기

Track00-06

> A 请问，去颐和园怎么走?
> Qǐngwèn, qù Yíhéyuán zěnme zǒu?
> 말씀 좀 묻겠습니다. 이허위안에 어떻게 가나요?
>
> B 一直往前走。
> Yìzhí wǎng qián zǒu.
> 곧장 앞으로 가세요.

❶ 到红绿灯往左拐。
Dào hónglǜdēng wǎng zuǒ guǎi.
신호등에 도착해서 좌회전하세요.

❷ 到十字路口往右拐。
Dào shízì lùkǒu wǎng yòu guǎi.
사거리에 도착해서 우회전하세요.

7 거리 묻고 답하기

Track00-07

A 离这儿远不远？
Lí zhèr yuǎn bu yuǎn?
여기에서 멀어요, 안 멀어요?

B 不太远，走十分钟就到了。
Bú tài yuǎn, zǒu shí fēnzhōng jiù dào le.
별로 안 멀어요. 걸어서 10분이면 바로 도착해요.

❶ 你家 당신의 집
nǐ jiā

❷ 地铁站 지하철역
dìtiězhàn

❸ 学校 학교
xuéxiào

8 비교 표현 말하기

Track00-08

A 今天比昨天冷吧？
Jīntiān bǐ zuótiān lěng ba?
오늘은 어제보다 춥지요?

B 今天比/没有昨天冷。
Jīntiān bǐ / méiyǒu zuótiān lěng.
오늘은 어제보다 추워요. / 오늘은 어제만큼 춥지 않아요.

❶ 今年 올해 / 去年 작년
jīnnián   qùnián

热 덥다
rè

❷ 这个 이것 / 那个 저것
zhège   nàge

好看 예쁘다
hǎokàn

9 동작의 결과 말하기

Track00-09

A 你买好了吗？
Nǐ mǎihǎo le ma?
당신은 다 샀어요?

B 买好了。/ 还没买好呢。
Mǎihǎo le.   Hái méi mǎihǎo ne.
다 샀어요.   아직 못 샀어요.

❶ 听懂 듣고 이해하다
tīngdǒng

❷ 做完 다 하다
zuòwán

❸ 看到 보게 되다
kàndào

10 가능 표현 말하기

> A 你听得懂听不懂?
> Nǐ tīng de dǒng tīng bu dǒng?
> 당신은 알아들을 수 있나요, 없나요?
>
> B 我听得懂。 / 我听不懂。
> Wǒ tīng de dǒng. / Wǒ tīng bu dǒng.
> 나는 알아들을 수 있어요. / 나는 알아들을 수 없어요.

❶ 吃完 다 먹다
chīwán

❷ 看见 보이다
kànjiàn

❸ 回来 돌아오다
huílai

11 把자문 말하기

> A 他把包裹打开了吗?
> Tā bǎ bāoguǒ dǎkāi le ma?
> 그는 소포를 열었어요?
>
> B 他没把包裹打开。
> Tā méi bǎ bāoguǒ dǎkāi.
> 그는 소포를 열지 않았어요.

❶ 打开门 문을 열다
dǎkāi mén

❷ 做完工作 일을 다 하다
zuòwán gōngzuò

❸ 带来护照 여권을 가져오다
dàilai hùzhào

12 상태의 변화 말하기

> A 北京的留学生活你习惯了吗?
> Běijīng de liúxué shēnghuó nǐ xíguàn le ma?
> 베이징의 유학 생활에 익숙해졌나요?
>
> B 开始不习惯, 现在慢慢儿习惯了。
> Kāishǐ bù xíguàn, xiànzài mànmānr xíguàn le.
> 처음에는 익숙하지 않았는데, 지금은 서서히 익숙해졌어요.

❶ 新工作 새 일
xīn gōngzuò

❷ 结婚生活 결혼 생활
jiéhūn shēnghuó

❸ 宿舍生活 기숙사 생활
sùshè shēnghuó

START!

1과

我是来学汉语的。

나는 중국어를 배우러 왔어요.

▶ **표현** 학습에 관해 묻고 답하기
　　　　　첫 만남에 필요한 표현 익히기

▶ **어법** 是…的 | 越来越…

트레이닝 듣기
Track01과

핵심 패턴

01 我**是**来学汉语**的**。　　　　　나는 중국어를 배우러 왔어요.

02 **越来越**多了。　　　　　점점 많아지고 있어요.

03 我韩语说**得**不太好。　　　　　나는 한국어를 잘 못해요.

Track01-01

东民　我叫东民，
　　　Wǒ jiào Dōngmín,

　　　是来学汉语的❶。
　　　shì lái xué Hànyǔ de.

龙龙　我猜你一定是韩国人。
　　　Wǒ cāi nǐ yídìng shì Hánguórén.

东民　你猜对了。
　　　Nǐ cāiduì le.

　　　你是中国人吧?
　　　Nǐ shì Zhōngguórén ba?

龙龙　是的。我是学韩语的。
　　　Shìde.　　Wǒ shì xué Hányǔ de.

东民　真的? 现在中国学韩语的人多吗?
　　　Zhēnde?　Xiànzài Zhōngguó xué Hányǔ de rén duō ma?

龙龙　越来越❷多了。
　　　Yuè lái yuè duō le.

东民　你韩语说得一定很流利吧?
　　　Nǐ Hányǔ shuō de yídìng hěn liúlì ba?

龙龙　哪儿啊! 我韩语说得不太好，还差得远呢。
　　　Nǎr a!　　Wǒ Hányǔ shuō de bú tài hǎo, hái chà de yuǎn ne.

东民　我们以后互相帮助吧。
　　　Wǒmen yǐhòu hùxiāng bāngzhù ba.

☐☐	猜	cāi	동 알아맞히다, 추측하다
☐☐	对	duì	형 맞다, 옳다
			* 반의 错 cuò 형 틀리다
☐☐	韩语	Hányǔ	명 한국어
☐☐	越来越	yuè lái yuè	점점, 더욱더, 갈수록
☐☐	流利	liúlì	형 (문장이나 말 따위가) 유창하다
☐☐	啊	a	조 문장 끝에 쓰여 긍정, 의문, 감탄 등을 나타냄
☐☐	差得远	chà de yuǎn	(실력, 수준이) 훨씬 미치지 못하다, 부족하다
			* 差 chà 형 차이가 나다, 좋지 않다
☐☐	以后	yǐhòu	명 이후
			* 반의 以前 yǐqián 명 이전, 예전
☐☐	互相	hùxiāng	부 서로, 상호
☐☐	帮助	bāngzhù	명 도움, 보조 동 돕다, 원조하다
			* 帮忙 bāng máng 동 일(손)을 돕다

플러스 **TIP**

'천만에'의 표현

哪儿은 원래 '어디'라는 뜻이지만, 다른 사람의 칭찬에 대하여 겸손한 표현으로 대답할 때 '천만에'라는 뜻으로 哪儿啊! 라고 쓰이기도 해요. 이 외에도 비슷한 표현들이 있어요.

· 哪里哪里! Nǎli nǎli! 천만에요!
· 过奖过奖! Guòjiǎng guòjiǎng! / 过奖了! Guòjiǎng le! 과찬이세요!

1 是…的

① 是…的 구문은 이미 발생한 동작의 시간, 장소, 방식, 목적, 대상 등을 강조할 때 쓰임입니다. 강조하는 내용은 是와 的 사이에 넣습니다.

시간	我是<u>去年八月来</u>的。 Wǒ shì qùnián bā yuè lái de.	나는 작년 8월에 왔어요.
장소	我是<u>从韩国来</u>的。 Wǒ shì cóng Hánguó lái de.	나는 한국에서 왔어요.
방식	我是<u>坐飞机来</u>的。 Wǒ shì zuò fēijī lái de.	나는 비행기를 타고 왔어요.
목적	我是<u>来学汉语</u>的。 Wǒ shì lái xué Hànyǔ de.	나는 중국어를 배우러 왔어요.
대상	我是<u>跟朋友一起来</u>的。 Wǒ shì gēn péngyou yìqǐ lái de.	나는 친구와 같이 왔어요.

② 긍정문에서는 是…的의 是를 생략할 수 있지만, 부정문에서는 不是…的의 是를 생략할 수 없습니다.

爸爸(是)昨天来的。 아빠는 어제 오셨어요. [是 생략 가능]
Bàba (shì) zuótiān lái de.

爸爸不是昨天来的。 아빠는 어제 오신 것이 아니에요. [是 생략 불가능]
Bàba bú shì zuótiān lái de.

> 확인체크
>
> ✦ 다음 문장에서 강조 부분을 찾아 표시한 후, 문장을 해석해 보세요.
>
> ❶ 我是去年开始工作的。　　➡ _____
>
> ❷ 我是来找你的。　　➡ _____
>
> ❸ 他不是开车来的，是走来的。➡ _____

2 越来越…

越来越는 '점점 ~해지다'라는 의미로, 시간의 경과에 따라 그 정도가 심해지는 것을 나타냅니다.

汉语越来越有意思(了)。 중국어가 점점 재미있어져요.
Hànyǔ yuè lái yuè yǒu yìsi (le).

天气越来越热(了)。 날씨가 점점 더워져요.
Tiānqì yuè lái yuè rè (le).

TIP 「越A越B」형식으로 쓰이면 'A할수록 B하다'라는 의미를 나타냅니다.

예 雨越下越大。 비가 점점 더 많이 내려요.
　 Yǔ yuè xià yuè dà.
　 (= 雨下得越来越大。 Yǔ xià de yuè lái yuè dà.)
　 人越多越好。 사람은 많을수록 좋아요.
　 Rén yuè duō yuè hǎo.

확인체크

✦ 제시된 단어를 넣어 다음 질문에 대답해 보세요.

❶ A 超市里的东西贵吗?

　 B _____ (越来越 / 贵)

❷ A 你的姐姐怎么样?

　 B _____ (越来越 / 漂亮)

❸ A 汉语难不难?

　 B _____ (越来越 / 难)

东民是韩国留学生，他是来中国学汉语的。他认识了
Dōngmín shì Hánguó liúxuéshēng, tā shì lái Zhōngguó xué Hànyǔ de. Tā rènshile

一个中国大学生，名字叫龙龙。他是韩语专业二年级❶的
yí ge Zhōngguó dàxuéshēng, míngzi jiào Lónglong. Tā shì Hányǔ zhuānyè èr niánjí de

学生。
xuésheng.

龙龙告诉东民，很多中国年轻人喜欢听韩国流行
Lónglong gàosu Dōngmín, hěn duō Zhōngguó niánqīngrén xǐhuan tīng Hánguó liúxíng

音乐、看韩国电视剧。龙龙现在用功学习韩语。不过，
yīnyuè、kàn Hánguó diànshìjù.　　Lónglong xiànzài yònggōng xuéxí Hányǔ. Búguò,

他觉得自己的韩语说得还不太流利。他希望以后有机会
tā juéde zìjǐ de Hányǔ shuō de hái bú tài liúlì.　　Tā xīwàng yǐhòu yǒu jīhuì

去韩国留学。
qù Hánguó liú xué.

1 본문의 내용에 근거하여 다음 질문에 중국어로 답하세요.

❶ 东民是来中国做什么的？ 🎤 _____

❷ 龙龙觉得自己的韩语说得怎么样？🎤 _____

❸ 龙龙希望以后有机会干什么？ 🎤 _____

2 녹음을 듣고 본문과 일치하면 ○, 일치하지 않으면 ×를 표시한 후,
녹음 내용을 빈칸에 쓰세요.

Track01-04

❶ ⬜ 东民是_____的。

❷ ⬜ 龙龙是韩语_____的学生。

❸ ⬜ 龙龙觉得自己的韩语_____。

단어 🐻🐰

Track01-05

☐☐ 大学生 dàxuéshēng 몡 대학생

☐☐ 专业 zhuānyè 몡 전공

☐☐ 年级 niánjí 몡 학년

☐☐ 电视剧 diànshìjù 몡 드라마

☐☐ 用功 yònggōng 통 열심히 공부하다
　　　　　　　 혱 (공부에) 힘쓰다, 노력하다

☐☐ 希望 xīwàng 통 희망하다, 바라다

☐☐ 机会 jīhuì 몡 기회

• 플러스Tip •
❶ '대학교 2학년'은 大学二年级라고도 표현할 수 있고, 大二로 줄여서 쓰기도 해요.

STEP 1 녹음을 듣고 알맞은 답을 고르세요.

❶ 迈克是哪国人?

Màikè shì nǎ guó rén?

A 英国人   B 美国人   C 法国人

   Yīngguórén   Měiguórén   Fǎguórén

❷ 迈克在伦敦说中文的机会多吗?

Màikè zài Lúndūn shuō Zhōngwén de jīhuì duō ma?

A 很多   B 不少   C 很少

   hěn duō   bù shǎo   hěn shǎo

❸ 迈克在哪个学校学习?

Màikè zài nǎge xuéxiào xuéxí?

A 清华大学   B 北京大学   C 复旦大学

   Qīnghuá Dàxué   Běijīng Dàxué   Fùdàn Dàxué

STEP 2 녹음을 다시 한 번 들으며 빈칸을 채우세요.

安娜　　你好！你是＿＿＿＿＿＿＿的？
　　　　Nǐ hǎo!　Nǐ shì　　　　　　　de?

迈克　　我是＿＿＿＿＿＿伦敦来的，我的中文名字叫迈克。
　　　　Wǒ shì　　　　　　Lúndūn lái de, wǒ de Zhōngwén míngzi jiào Màikè.

安娜　　伦敦！你是来中国做什么的？
　　　　Lúndūn!　Nǐ shì lái Zhōngguó zuò shénme de?

迈克　　我是来中国＿＿＿＿＿＿。在伦敦说汉语的＿＿＿＿＿＿。
　　　　Wǒ shì lái Zhōngguó　　　　　　Zài Lúndūn shuō Hànyǔ de

安娜　　你在哪个学校学习？
　　　　Nǐ zài nǎge xuéxiào xuéxí?

迈克　　＿＿＿＿＿＿。

安娜　　太好了！我也在＿＿＿＿＿＿，我们以后互相＿＿＿＿＿吧。
　　　　Tài hǎo le!　Wǒ yě zài　　　　　　wǒmen yǐhòu hùxiāng　　　　　ba.

迈克　　好的。
　　　　Hǎo de.

Track01-07

☐☐ 伦敦 Lúndūn 고유 런던　　　　☐☐ 北京大学 Běijīng Dàxué
☐☐ 中文 Zhōngwén 명 중국어　　　　　　고유 베이징대학[약칭 北大]
☐☐ 清华大学 Qīnghuá Dàxué 고유 칭화대학　☐☐ 复旦大学 Fùdàn Dàxué 고유 푸단대학

1 다음을 읽은 후 해석하세요.

> 东民是北京大学的留学生，是从韩国来的。东民认识了很多中国朋友，周末他常常和朋友们一起去北京有名的地方玩儿。东民越来越喜欢北京的生活了，他觉得在这儿过得很有意思。
>
> **단어** 过 guò 图 (시간을) 보내다, 지내다

2 다음 문장에 알맞은 대답을 고르세요.

❶ 你做菜做得不错吧？   A 北京大学。

❷ 你在哪个学校学习？   B 越来越热了。

❸ 你那儿天气怎么样？   C 是坐飞机来的。

❹ 你怎么来的？   D 还差得远呢。

3 제시된 단어를 배열하여 문장을 만드세요.

❶ 汉语的人 / 韩国 / 学 / 多 / 越来越 / 了

➡ _____

❷ 跟妈妈 / 这 / 一起 / 的 / 买 / 是

➡ _____

❸ 工作 / 我 / 是 / 的 / 来

➡ _____

❹ 越来越 / 人 / 去中国 / 的 / 留学 / 了 / 多

➡ _____

4 제시된 단어를 이용하여 문장을 중국어로 써 보세요.

❶ 나는 놀러 온 게 아니고, 중국어를 배우러 왔습니다. (是…的)

➡ _____

❷ 나는 작년 7월에 베이징에 왔습니다. (是…的)

➡ _____

❸ 나는 영어를 유창하게 말합니다. (得)

➡ _____

❹ 서울에 공부하러 오는 유학생이 점점 많아집니다. (越来越)

➡ _____

중국의 한류 열풍

90대년 중반 한국 드라마가 중국에 수출되고, 가요가 알려지면서 중국에는 한국 대중문화 열풍이 불기 시작했어요. '한류(韓流 Hánliú)'라는 용어는 2000년 2월 중국 언론에서 한국 대중문화 열풍 현상을 '한류'라고 표현하면서 사용됐어요.

2000년 이후에는 중국에서 한국의 드라마, 가요 등 대중문화뿐만 아니라 음식, 패션, 가전제품 등 다방면에서 한국 관련한 것들을 좋아하는 현상들이 나타났고, 그러면서 韩剧(Hánjù 한국 드라마), 韩版(Hánbǎn 한국 스타일) 등의 단어들은 중국에서 언제, 어디서나 쉽게 보고 들을 수 있게 됐죠.

이렇게 한류 열풍이 뜨거워지면서 드라마, 영화, 가요의 가사 등을 통해 한국어에 관심을 가지는 사람들이 점점 많아지고 있어요. 요즘에는 중국의 젊은 사람들이 온라인에서 한국어를 발음이 비슷한 중국어 한자로 바꾸어 사용하는 경우가 많아지고 있어요.

◆ 한국어를 중국어 한자로 표현한 대표 단어

欧巴 ōubā 오빠	欧尼 ōuní 언니	努那 nǔnà 누나
思密达 sīmìdá ~습니다	撒浪嘿 sālànghēi 사랑해	哎一古 āiyīgǔ 아이고

START!

2과

我学了一年半汉语了。

나는 1년 반 동안 중국어를 배웠어요.

▶ **표현** 학습의 기간 묻고 답하기
시간의 양에 대한 표현 익히기(1)
▶ **어법** 부사 才 ┃ 시량보어(1) ┃ 刚

트레이닝 듣기

Track02과

트레이닝 듣기 Track02과

핵심 패턴

04 我是来中国以后才正式开始学的。
나는 중국에 와서야 (비로소) 정식으로 배우기 시작했어요.

05 我学了一年半汉语了。
나는 1년 반 동안 중국어를 배웠어요.

06 刚开始我觉得很难。
막 시작했을 때는 어렵다고 느꼈어요.

龙龙 　你的汉语水平这么高，
　　　Nǐ de Hànyǔ shuǐpíng zhème gāo,

　　　在韩国学过吗？
　　　zài Hánguó xuéguo ma?

东民 　学过一点儿。
　　　Xuéguo yìdiǎnr.

　　　不过我是来中国以后
　　　Búguò wǒ shì lái Zhōngguó yǐhòu

　　　才❶正式开始学的。
　　　cái zhèngshì kāishǐ xué de.

龙龙 　你在中国学了多长时间了？
　　　Nǐ zài Zhōngguó xuéle duō cháng shíjiān le?

东民 　我学了一年半❷汉语了。
　　　Wǒ xuéle yì nián bàn Hànyǔ le.

龙龙 　学汉语难不难？
　　　Xué Hànyǔ nán bu nán?

东民 　刚❸开始我觉得很难。
　　　Gāng kāishǐ wǒ juéde hěn nán.

龙龙 　那么现在呢？
　　　Nàme xiànzài ne?

东民 　虽然也不容易，但是现在能和中国朋友聊天儿，
　　　Suīrán yě bù róngyì, dànshì xiànzài néng hé Zhōngguó péngyou liáo tiānr,

　　　挺有意思的。
　　　tǐng yǒu yìsi de.

☐☐	水平	shuǐpíng	몡	수준, 실력
☐☐	才	cái	뷔	비로소, 겨우
☐☐	正式	zhèngshì	혱	정식적이다
☐☐	刚	gāng	뷔	막, 방금

* 刚才 gāngcái 몡 지금 막, 방금

☐☐	虽然…但是…	suīrán…dànshì…	젭	비록 ~하지만
☐☐	聊天儿	liáo tiānr	됭	한담하다, 이야기하다

* 聊 liáo 됭 한담하다, 이야기하다

플러스 TIP

감정 관련 단어

- 愉快 yúkuài 유쾌하다, 즐겁다
- 幸福 xìngfú 행복하다
- 紧张 jǐnzhāng 긴장하다
- 难过 nánguò 괴롭다, 슬프다

- 无聊 wúliáo 심심하다, 따분하다
- 害羞 hàixiū 부끄러워하다, 수줍어하다
- 轻松 qīngsōng 홀가분하다, 수월하다
- 开心 kāixīn 기쁘다, 즐겁다

1 부사 才

才는 '~에서야 비로소', '겨우'라는 의미로, 어떤 동작이 일어난 시간이 늦거나 순조롭지 않음을 나타냅니다.

九点上课，他九点半才来。 9시에 수업인데, 그는 아홉 시 반이 되어서야 비로소 왔어요.
Jiǔ diǎn shàng kè, tā jiǔ diǎn bàn cái lái.

这个孩子四岁才会说话。　이 아이는 4살이 되어서야 비로소 말할 줄 알았어요.
Zhège háizi sì suì cái huì shuō huà.

> **TIP** 才는 시간, 나이 등의 앞에 쓰이면 '겨우'라는 의미로 시간이 이르거나 나이가 적음을 나타냅니다.
>
> 예 九点上课，现在才八点。 9시에 수업인데, 지금 겨우 8시예요.
>   Jiǔ diǎn shàng kè, xiànzài cái bā diǎn.
>
> 我今年才二十岁。　　나는 올해 겨우 20살이에요.
> Wǒ jīnnián cái èrshí suì.

확인체크 ◆ 다음 才의 뜻에 유의해서 문장을 해석해 보세요.

❶ 你寄的东西后天才能到。 ➡ _____

❷ 才10点，先去喝咖啡吧。 ➡ _____

---

2 시량보어(1)

시량보어란 동사 뒤에 놓여 어떤 동작이나 상태가 얼마 동안 지속되었는지 시간의 양을 나타내는 것을 말합니다.

他睡了八个小时。 그는 8시간 잤어요.
Tā shuìle bā ge xiǎoshí.

你打算休息几天? 당신은 며칠 쉴 계획인가요?
Nǐ dǎsuan xiūxi jǐ tiān?

동사 뒤에 일반 목적어가 올 경우에는, 동사를 중복하고 시량보어를 중복된 동사 뒤에 쓰거나 동사와 목적어 사이에 씁니다.

동사 + 목적어 + 동사 + 시량보어　또는　동사 + 시량보어 + (的) + 목적어

他学汉语学了一年。　　그는 1년 동안 중국어를 배웠어요.
Tā xué Hànyǔ xuéle yì nián.

(= 他学了一年的汉语。 Tā xuéle yì nián de Hànyǔ.)

他看了一个小时的书。 그는 한 시간 동안 책을 봤어요.
Tā kànle yí ge xiǎoshí de shū.

他看了书一个小时。(×)

TIP 시량보어가 있는 문장에서 동태조사 了와 어기조사 了가 함께 쓰이면, 동작이 현재까지 계속 지속되고 있음을 나타냅니다.

예 我学汉语学了一年了。　　나는 중국어를 1년째 공부하고 있어요.
　 Wǒ xué Hànyǔ xuéle yì nián le.

　 他们看电影看了两个小时了。 그들은 두 시간째 영화를 보고 있어요.
　 Tāmen kàn diànyǐng kànle liǎng ge xiǎoshí le.

확인체크 ◆ 다음 제시된 시량보어가 들어갈 알맞은 위치를 고르세요.

❶ 听说她　A　弹了　B　的　C　钢琴　D　。(十年)

❷ 弟弟　A　玩儿　B　电脑　C　玩儿了　D　。(三个小时)

---

3 刚

刚은 '막', '지금 막'이라는 뜻으로, 동사 앞에 위치하여 행동이나 상황이 일어난 지 오래되지 않음을 나타내는 시간부사예요. 刚开始는 '막 시작했을 때', '처음'이라는 의미를 나타냅니다.

火车刚走。　　　　　　　　　기차가 지금 막 갔어요.
Huǒchē gāng zǒu.

刚开始我不习惯这儿的生活。 처음에 나는 여기의 생활이 익숙하지 않았어요.
Gāng kāishǐ wǒ bù xíguàn zhèr de shēnghuó.

Track02-03

虽然不容易…

东民在中国学汉语学了一年半了。刚来的时候，他一
Dōngmín zài Zhōngguó xué Hànyǔ xuéle yì nián bàn le. Gāng lái de shíhou, tā yí

句汉语也不会说，现在都[1]能跟中国人聊天儿了。
jù Hànyǔ yě bú huì shuō, xiànzài dōu néng gēn Zhōngguórén liáo tiānr le.

东民在学校用功学习，每天预习复习。而且上课的
Dōngmín zài xuéxiào yònggōng xuéxí, měi tiān yùxí fùxí.　　　Érqiě shàng kè de

时候，他只[2]说汉语，不说韩语。下课以后，他常常找机会
shíhou, tā zhǐ shuō Hànyǔ, bù shuō Hányǔ.　　Xià kè yǐhòu, tā chángcháng zhǎo jīhuì

和中国朋友说话。
hé Zhōngguó péngyou shuō huà.

现在东民的汉语水平进步很大。他觉得学汉语虽然不
Xiànzài Dōngmín de Hànyǔ shuǐpíng jìnbù hěn dà. Tā juéde xué Hànyǔ suīrán bù

容易，但是挺有意思的。
róngyì, dànshì tǐng yǒu yìsi de.

1 본문의 내용에 근거하여 다음 질문에 중국어로 답하세요.

   ❶ 东民在中国学了多长时间了？ 🎤 _____

   ❷ 东民刚来的时候，汉语怎么样？ 🎤 _____

   ❸ 东民下课以后做什么？ 🎤 _____

2 녹음을 듣고 본문과 일치하면 ○, 일치하지 않으면 ×를 표시한 후, 녹음 내용을 빈칸에 쓰세요.

Track02-04

   ❶   东民刚来中国的时候，_____。

   ❷   东民上课的时候_____，_____。

   ❸   现在东民的汉语水平_____。

단어

Track02-05

□□ 句 jù 양 마디[말·글의 수를 세는 단위]   □□ 找 zhǎo 동 찾다

□□ 都 dōu 부 이미, 벌써   □□ 说话 shuō huà 동 말하다

□□ 只 zhǐ 부 단지, 오직   □□ 进步 jìnbù 동 발전하다, 진보하다

—• 플러스Tip •—
❶ 여기서 都는 '이미', '벌써'라는 뜻으로 뒤에 항상 了가 와요.
❷ 부사 只는 '단지', '오직'이라는 뜻으로, 어떤 범위의 제한을 나타내요.

Track02-06

STEP 1 녹음을 듣고 알맞은 답을 고르세요.

❶ 王老师每天什么时候打太极拳?
Wáng lǎoshī měi tiān shénme shíhou dǎ tàijíquán?

A 早上
zǎoshang

B 中午
zhōngwǔ

C 晚上
wǎnshang

❷ 王老师打太极拳打了多长时间了?
Wáng lǎoshī dǎ tàijíquán dǎle duō cháng shíjiān le?

A 一年
yì nián

B 四年
sì nián

C 十年
shí nián

❸ 现在王老师的身体怎么样?
Xiànzài Wáng lǎoshī de shēntǐ zěnmeyàng?

A 不好
bù hǎo

B 好多了
hǎo duō le

C 跟以前一样
gēn yǐqián yíyàng

安娜 王老师，早上好！您每天早上＿＿＿＿＿＿＿＿＿＿＿＿吗？
Wáng lǎoshī, zǎoshang hǎo! Nín měi tiān zǎoshang _____ ma?

老师 对，因为我早上要打太极拳。
Duì, yīnwèi wǒ zǎoshang yào dǎ tàijíquán.

安娜 您打太极拳＿＿＿＿＿＿＿＿＿＿＿？
Nín dǎ tàijíquán

老师 已经＿＿＿＿＿＿＿。
Yǐjīng

安娜 打太极拳有什么好处？
Dǎ tàijíquán yǒu shénme hǎochù?

老师 以前我＿＿＿＿＿＿，打了十年的太极拳，现在＿＿＿＿＿＿。
Yǐqián wǒ _____ dǎle shí nián de tàijíquán, xiànzài

安娜 那我也要学打太极拳。
Nà wǒ yě yào xué dǎ tàijíquán.

老师 太好了！
Tài hǎo le!

Track02-07

□□ 起 qǐ 동 일어나다, 일어서다   □□ 好处 hǎochù 명 좋은 점, 장점
□□ 因为 yīnwèi 접 ~때문에, 왜냐하면

Track02-08

1 다음을 읽은 후 해석하세요.

> 迈克是英国留学生，他来中国快两年了。刚来中国的时候，他一句汉语也不会说，但是现在已经能和中国人聊天儿了。迈克说，学汉语开口很重要。不要觉得不好意思，多找中国人说话，这样汉语进步得更快。

> 단어 开口 kāi kǒu 통 말을 하다, 입을 열다 | 重要 zhòngyào 형 중요하다 | 这样 zhèyàng 대 이러하다

2 보기의 단어를 사용하여 다음 회화를 완성해 보세요.

> 보기　才　刚开始　几年　已经　八个月

A　你工作多长时间了？

B　我是去年十月_____开始工作的，到现在工作_____了。

A　你的工作难不难？

B　_____我觉得很难，不过现在_____习惯了。

3 제시된 단어를 배열하여 문장을 만드세요.

❶ 昨天 / 游泳 / 我 / 两个小时 / 游了

➡ _____

❷ 周末 / 常常 / 我 / 跟中国朋友 / 聊天儿

➡ _____

❸ 我 / 三个月 / 学了 / 的 / 只 / 汉语

➡ _____

❹ 她的 / 水平 / 挺 / 高 / 韩语 / 的

➡ _____

4 제시된 단어를 이용하여 문장을 중국어로 써 보세요.

❶ 막 시작했을 때 나는 재미없다고 느꼈습니다. (刚)

➡ _____

❷ 오늘 저녁 우리는 두 시간 동안 텔레비전을 봤습니다. (了)

➡ _____

❸ 왕 선생님은 중국어를 5년째 가르치고 계십니다. (⋯了⋯了)

➡ _____

❹ 비행기는 저녁 여덟 시가 되어서야 도착했습니다. (才)

➡ _____

중국어의 외래어 표기

우리말은 표음문자여서 대부분의 외래어를 유사한 발음으로 표기하지만, 중국어는 표의문자여서 발음을 그대로 표기하는 방법 외에도 뜻을 번역하거나 음과 뜻을 혼용하는 방식 등 다양한 방법으로 표기해요.

◆ 3가지 외래어 표기법

음역 : 외래어 발음과 비슷한 중국어 발음을 찾아 한자를 대입하는 방식으로, 주로 음식, 나라, 사람 이름 등에 많이 사용해요.

- coffee(커피)   → 咖啡 kāfēi
- chocolate(초콜릿)   → 巧克力 qiǎokèlì
- Philippines(필리핀)   → 菲律宾 Fēilǜbīn

의역 : 외래어의 뜻을 번역하여 한자를 적용하는 방식으로, 주로 일상생활 관련 음식이나 사물, IT용어, 기업명 등에 많이 사용해요.

- hot dog(핫도그)   → 热狗 règǒu (热: hot, 뜨거운 + 狗: dog, 개)
- fast food(패스트푸드)   → 快餐 kuàicān (快: fast, 빠른 + 餐: food, 음식)
- Bluetooth(블루투스)   → 蓝牙 lányá (蓝: blue, 파란 + 牙: tooth, 이)

음의역 : 음역과 의역을 혼용하는 방식으로, 주로 브랜드명에 많이 사용해요. 브랜드명은 부르기 쉬우면서 좋은 의미를 가지고 있으면 더 좋기 때문이죠.

- Coca Cola(코카콜라)   → 可口可乐 Kěkǒu kělè (입에 맞아 즐겁다)
- E-mart(이마트)   → 易买得 Yìmǎidé (쉽게 사서 얻는다)
- BMW   → 宝马 Bǎomǎ (귀한 말)

START!

3과

麻烦您请他接电话。

번거로우시겠지만 그에게 전화 좀 받아 달라고 해 주세요.

▶ **표현** 전화번호 묻고 답하기
부탁 표현 익히기

▶ **어법** 请 │ 구조조사 地 │ 동량사 遍

트레이닝 듣기
Track03과

핵심 패턴

07 喂，是龙龙家吗? 　　　　　　여보세요, 룽룽 집이에요?

08 麻烦您请他接电话。
번거로우시겠지만 그에게 전화 좀 받아 달라고 해 주세요.

09 请慢慢儿地再说一遍。 　　　천천히 다시 한 번 말씀해 주세요.

东民　喂，是龙龙家吗？
Wéi, shì Lónglong jiā ma?

阿姨　是的。您是哪位？
Shì de. Nín shì nǎ wèi?

东民　我是他的朋友，
Wǒ shì tā de péngyou,

叫李东民。
jiào Lǐ Dōngmín.

麻烦您请^❶他接电话。
Máfan nín qǐng tā jiē diànhuà.

阿姨　他现在不在家，你打他手机吧。
Tā xiànzài bú zài jiā, nǐ dǎ tā shǒujī ba.

东民　能不能告诉我他的手机号码？
Néng bu néng gàosu wǒ tā de shǒujī hàomǎ?

阿姨　他的手机号是13012345678。
Tā de shǒujī hào shì yāo sān líng yāo èr sān sì wǔ liù qī bā.

东民　不好意思，请慢慢儿地^❷再说一遍^❸，好吗？
Bù hǎoyìsi, qǐng mànmānr de zài shuō yí biàn, hǎo ma?

阿姨　好。
Hǎo.

☐☐	阿姨	āyí	몡 아주머니
☐☐	麻烦	máfan	통 귀찮게 하다, 폐를 끼치다 혱 성가시다, 번거롭다
☐☐	请	qǐng	통 청하다, 부탁하다, 초대하다
☐☐	接	jiē	통 받다, 맞이하다
☐☐	打	dǎ	통 (전화를) 걸다

* 打电话 dǎ diànhuà 전화를 하다 |
  接电话 jiē diànhuà 전화를 받다 |
  挂电话 guà diànhuà 전화를 끊다 |
  回电话 huí diànhuà 전화를 회신하다

| ☐☐ | 号码 | hàomǎ | 몡 번호 |

* 통의 号 hào 몡 번호

☐☐	地	de	조 단어와 결합하여 뒤의 동사를 수식해 주는 조사
☐☐	再	zài	틧 또, 다시
☐☐	遍	biàn	양 번, 회[동작이 시작되어 끝날 때까지의 전 과정을 말함]

플러스 **TIP**

자주 사용하는 전화 용어

· 你的手机号码是多少? Nǐ de shǒujī hàomǎ shì duōshao? 당신의 핸드폰 번호는 몇 번입니까?
· 电话正在占线。Diànhuà zhèngzài zhàn xiàn. 전화가 통화 중입니다.
· 电话打不通。Diànhuà dǎ bu tōng. 전화가 연결되지 않았습니다.
· 我挂(电话)了。Wǒ guà (diànhuà) le. 전화를 끊겠습니다.
· 能打国际长途吗? Néng dǎ guójì chángtú ma? 국제 전화를 할 수 있나요?

단어 占线 zhàn xiàn 통 통화 중이다 | 打通 dǎtōng 통 (전화가) 연결되다 |

国际长途 guójì chángtú 몡 국제 전화

1 请

동사 请은 다음과 같이 여러 가지 의미로 쓰입니다.

① 청하다, 부탁하다

请坐，请喝茶!   앉으세요, 차 드세요!
Qǐng zuò, qǐng hē chá!

初次见面，请多关照。 처음 뵙겠습니다. 잘 부탁드립니다.
Chū cì jiàn miàn, qǐng duō guānzhào.

② 초대하다, 한턱내다

朋友请我来他家玩儿。 친구는 나를 그의 집으로 놀러 오라고 초청했어요.
Péngyou qǐng wǒ lái tā jiā wánr.

明天我请你看电影。   내일 내가 당신에게 영화를 보여 줄게요.
Míngtiān wǒ qǐng nǐ kàn diànyǐng.

> TIP 请은 겸어문의 첫 번째 동사로 쓰이기도 합니다. 겸어문이란 한 문장에 동사가 두 개가 있고, 첫 번째 동사의 목적어가 뒤의 동사의 주어를 겸하는 문장을 말합니다.
>
> 예 **老师请我们吃饭了。** 선생님께서 우리에게 식사 대접을 하셨어요.
> Lǎoshī qǐng wǒmen chī fàn le.
> [我们은 请의 목적어이며 吃饭의 주어임]

확인체크

♦ 다음 请의 뜻에 유의해서 문장을 해석해 보세요.

❶ 请一定告诉我。 ⟹ _____

❷ 我想请你吃晚饭。 ⟹ _____

단어 初次 chū cì 처음, 첫 번째 | 见面 jiàn miàn 동 만나다 | 儿子 érzi 명 아들 | 跑 pǎo 동 달리다, 뛰다 |
首 shǒu 양 곡[시나 노래 등을 세는 단위] | 歌 gē 명 노래 | 课文 kèwén 명 본문

2 구조조사 地

구조조사 地는 일반적으로 동사나 형용사와 결합하여 뒤에 있는 동사를 수식해 주는 역할을 하고, '~히', '~하게'라는 의미를 나타냅니다.

李阿姨<u>亲切</u>地帮助了我。 이씨 아주머니는 친절하게 나를 도와주셨어요.
Lǐ āyí qīnqiè de bāngzhùle wǒ.

儿子<u>高高兴兴</u>地跑来了。 아들이 기쁘게 뛰어왔어요.
Érzi gāogaoxìngxìng de pǎolai le.

3 동량사 遍

동량사 遍은 동사 뒤에 쓰여 한 동작을 처음부터 끝까지 진행한 횟수를 나타냅니다.

这个电影我看过五<u>遍</u>。 이 영화를 나는 다섯 번 본 적이 있어요.
Zhège diànyǐng wǒ kànguo wǔ biàn.

请您再说一<u>遍</u>。 다시 한 번 말씀해 주세요.
Qǐng nín zài shuō yí biàn.

TIP 遍과 次의 차이점

遍은 처음부터 끝까지 전 과정을 한 동작의 횟수를 나타내고, 次는 단순히 동작의 반복 횟수를 나타냅니다.

예 这本书我看过一<u>遍</u>。 이 책을 나는 한 번 본 적이 있어요.
Zhè běn shū wǒ kànguo yí biàn.
[처음부터 끝까지 이 책을 다 읽었다는 의미]

这本书我看过一<u>次</u>。 이 책을 나는 한 번 본 적이 있어요.
Zhè běn shū wǒ kànguo yí cì.
[이 책을 한 번 본 적이 있을 뿐, 끝까지 봤다는 의미는 아님]

확인체크 ◆ 다음 문장 중 遍이 잘못 쓰인 하나를 고르세요.

❶ 这首歌我听了十几<u>遍</u>。 ❷ 我没听懂，您能再说一<u>遍</u>吗?

❸ 他去过三<u>遍</u>中国。 ❹ 我每天读两<u>遍</u>课文。

东民和龙龙打算这个星期六一起去故宫❶。可是周末
Dōngmín hé Lónglong dǎsuan zhège xīngqīliù yìqǐ qù Gùgōng. Kěshì zhōumò

东民的叔叔突然来北京出差，想看看他。所以东民给龙龙
Dōngmín de shūshu tūrán lái Běijīng chū chāi, xiǎng kànkan tā. Suǒyǐ Dōngmín gěi Lónglong

打电话，想改一下时间。
dǎ diànhuà, xiǎng gǎi yíxià shíjiān.

东民打电话的时候，龙龙很理解东民，还给他推荐了
Dōngmín dǎ diànhuà de shíhou, Lónglong hěn lǐjiě Dōngmín, hái gěi tā tuījiànle

北京好吃、好玩儿的地方。最后他们说好❷下个周末再去
Běijīng hǎochī、hǎowánr de dìfang.　　Zuìhòu tāmen shuōhǎo xià ge zhōumò zài qù

故宫。东民很感谢龙龙。
Gùgōng.　　Dōngmín hěn gǎnxiè Lónglong.

1 본문의 내용에 근거하여 다음 질문에 중국어로 답하세요.

❶ 东民的叔叔来北京做什么？　🎤 _____

❷ 东民为什么给龙龙打电话？　🎤 _____

❸ 他们说好什么时候再去故宫？　🎤 _____

2 녹음을 듣고 본문과 일치하면 ○, 일치하지 않으면 ×를 표시한 후,
녹음 내용을 빈칸에 쓰세요.

Track03-04

❶ ⬜　东民打电话的时候，龙龙_____东民。

❷ ⬜　龙龙给东民推荐了北京_____、_____的地方。

❸ ⬜　龙龙的叔叔要_____。

단어

Track03-05

☐☐ 故宫 Gùgōng 　고유 고궁, 자금성

☐☐ 叔叔 shūshu 　명 숙부, 아저씨

☐☐ 出差 chū chāi 　동 출장 가다

☐☐ 改 gǎi 　동 바꾸다, 변경하다, 수정하다

☐☐ 理解 lǐjiě 　동 이해하다

☐☐ 推荐 tuījiàn 　동 추천하다

☐☐ 好玩儿 hǎowánr 　형 재미있다, 놀기 좋다

☐☐ 地方 dìfang 　명 곳, 장소

──◆플러스Tip◆──
❶ 故宫은 베이징에 있는 중국 명·청(明·清) 시대의 궁궐로, 紫禁城(Zǐjinchéng 자금성)이라고도 해요.
❷ 여기서 说好의 好는 결과보어로 쓰여 '얘기가 잘 마무리되다'라는 뜻이에요. 보통 어떤 일에 대해 말로 약속을 정했을 때 사용해요.

STEP 1 녹음을 듣고 다음 질문에 답하세요.

❶ 谁接的电话?
Shéi jiē de diànhuà?

➡ _____

❷ 东民在哪儿?
Dōngmín zài nǎr?

➡ _____

❸ 迈克为什么听不懂?
Màikè wèishénme tīng bu dǒng?

➡ _____

❹ 小英和东民几点、在哪儿见?
Xiǎoyīng hé Dōngmín jǐ diǎn、zài nǎr jiàn?

➡ _____

小英   喂，东民，我……
          Wéi, Dōngmín, wǒ……

迈克   我不是东民，是迈克。＿＿＿＿＿＿＿？
          Wǒ bú shì Dōngmín, shì Màikè.

小英   我是小英。东民在吗?
          Wǒ shì Xiǎoyīng. Dōngmín zài ma?

迈克   他＿＿＿＿＿。你找他有什么事儿?
          Tā   Nǐ zhǎo tā yǒu shénme shìr?

小英   麻烦你转告他，今天＿＿＿＿＿我在＿＿＿＿＿等他。
          Máfan nǐ zhuǎngào tā, jīntiān   wǒ zài   děng tā.

迈克   不好意思，你＿＿＿＿＿，我听不懂。
          Bù hǎoyìsi, nǐ   wǒ tīng bu dǒng.

          ＿＿＿＿＿，好吗?
          hǎo ma?

小英   今天＿＿＿＿＿我在＿＿＿＿＿等他。
          Jīntiān   wǒ zài   děng tā.

迈克   没问题，我一定转告他。
          Méi wèntí, wǒ yídìng zhuǎngào tā.

Track03-07

□□ 事(儿) shì(r) 몡 일. 용무   □□ 转告 zhuǎngào 동 전달하다, 전하여 알리다

1 다음을 읽은 후 해석하세요.

Track03-08

> 东民的好朋友也在中国学汉语，不过东民在北京，朋友在上海。他们很长时间没见面了，东民想坐火车去上海看他。可是东民不知道怎么买火车票，所以他想请中国朋友帮他买火车票。

2 다음 제시된 단어를 사용하여 알맞은 질문을 만들어 보세요.

❶ A ＿＿＿＿＿＿＿＿＿＿? (哪位)

　 B 我是他的学生，叫李东民。

❷ A ＿＿＿＿＿＿＿＿＿＿? (多少)

　 B 我的手机号是18843215678。

❸ A ＿＿＿＿＿＿＿＿＿＿? (喂)

　 B 李先生不在，你找他有什么事儿?

3 제시된 단어를 배열하여 문장을 만드세요.

❶ 我今天 / 吃饭 / 请 / 晚上 / 你们

➡ _____

❷ 说 / 一遍 / 您 / 再 / 麻烦

➡ _____

❸ 她 / 高高兴兴 / 了 / 地 / 下班

➡ _____

❹ 你 / 转告 / 他 / 一定 / 请

➡ _____

4 제시된 단어를 이용하여 문장을 중국어로 써 보세요.

❶ 나는 자주 한국에 계신 어머니께 전화를 드립니다. (给)

➡ _____

❷ 당신은 언제 저에게 밥을 사 줄 건가요? (请)

➡ _____

❸ 이 책은 몇 번 봤지만, 아직도 이해가 안 가요. (遍)

➡ _____

❹ 우리는 다음 달에 다시 만나기로 약속했어요. (说好)

➡ _____

중국인이 좋아하는 숫자 & 싫어하는 숫자

2008년 베이징올림픽은 왜 8월 8일 오후 8시에 개막했을까요? 중국인들이 가장 좋아하는 숫자가 바로 8이기 때문이지요. 8(八 bā)은 '돈을 번다'는 뜻인 发财(fā cái)의 发와 발음이 비슷해요. 그래서 8이 세 개 모인 2008년 8월 8일에는 혼인 신고를 하려는 사람들로 북적거렸다고 해요. 중국 상품의 가격표 끝자리 숫자도 8로 끝나는 경우가 많고, 8이 들어간 전화번호나 자동차 번호판은 고가에 팔리기도 하지요. 그럼 중국인이 좋아하는 숫자와 싫어하는 숫자에는 어떤 것들이 있을까요?

6(六 liù)은 '순조롭다'는 의미의 流(liú)와 발음이 비슷하고, 六六大顺(liù liù dà shùn)이라는 말처럼 '일이 아주 순조롭다'라는 의미를 나타내 중국인이 좋아하지요. 또 9(九 jiǔ)는 '오래가다', '영원하다'라는 뜻인 久(jiǔ)와 발음이 같아서 좋아한답니다.

서양인이 럭키 세븐(lucky seven)이라고 해서 좋아하는 숫자 7은 중국인은 그다지 좋아하지 않는데요, 중국어 발음으로 7(七 qī)은 '화나다'라는 뜻인 生气(shēng qì)의 气와 발음이 비슷하기 때문이에요. 4(四 sì)는 우리나라와 마찬가지로 '죽다'라는 의미인 死(sǐ)와 발음이 비슷해서 꺼려요. 그래서 4월에는 혼례를 올리는 것을 기피하고, 축의금을 줄 때는 절대로 4가 들어가는 액수는 보내지 않는답니다. 또 3(三 sān)은 '흩어지다', '헤어지다'라는 뜻의 散(sàn)과 발음이 비슷해서 기피해요. 그런데 숫자에 대한 선호도는 지역에 따라 다르다고 하네요.

2008년 8월 8일
8시에 개최된
베이징올림픽

8이 들어간 고가의 자동차 번호판

START!

4과

你对足球感兴趣吗?

당신은 축구에 관심이 있나요?

▶ **표현** 취미 묻고 답하기
점층 표현 익히기

▶ **어법** 对…感兴趣 | 不但A, 而且B |
不一定

트레이닝 듣기

Track04과

핵심 패턴

10 你对足球感兴趣吗?　　　　　　　　당신은 축구에 관심이 있나요?

11 我不但喜欢看足球，而且喜欢踢足球。
나는 축구 보는 것을 좋아할 뿐만 아니라, 축구 하는 것도 좋아해요.

12 那可不一定!　　　　　　　　　　꼭 그렇지는 않아요!

小英　你对足球感兴趣❶吗?
　　　Nǐ duì zúqiú gǎn xìngqù ma?

东民　我不但喜欢看足球,
　　　Wǒ búdàn xǐhuan kàn zúqiú,

　　　而且❷喜欢踢足球。
　　　érqiě xǐhuan tī zúqiú.

小英　那你最近一定
　　　Nà nǐ zuìjìn yídìng

　　　看世界杯吧?
　　　kàn Shìjièbēi ba?

东民　那还用说!　今晚有韩国队的比赛呢!
　　　Nà hái yòng shuō!　Jīnwǎn yǒu Hánguó duì de bǐsài ne!

小英　晚上我请安娜来我家看世界杯,你也来吧!
　　　Wǎnshang wǒ qǐng Ānnà lái wǒ jiā kàn Shìjièbēi, nǐ yě lái ba!

东民　好啊!　我觉得今天的比赛韩国队一定能赢,
　　　Hǎo a!　　Wǒ juéde jīntiān de bǐsài Hánguó duì yídìng néng yíng,

　　　你觉得呢?
　　　nǐ juéde ne?

小英　那可不一定❸!
　　　Nà kě bù yídìng!

Track04-02

☐☐	足球	zúqiú	몡 축구
			* 球 qiú 몡 구기 운동 ㅣ 篮球 lánqiú 몡 농구
☐☐	感兴趣	gǎn xìngqù	흥미를 느끼다, 관심을 갖다
			* 兴趣 xìngqù 몡 흥미, 취미
☐☐	不但A，而且B	búdàn A, érqiě B	A뿐만 아니라 B도 ～하다
☐☐	踢	tī	됭 (발로) 차다
☐☐	世界杯	Shìjièbēi	몡 (축구 경기) 월드컵
☐☐	那还用说	nà hái yòng shuō	말할 것도 없다, 그렇고 말고
☐☐	今晚	jīnwǎn	몡 오늘 저녁, 오늘 밤[今天晚上의 줄임말]
☐☐	队	duì	몡 팀, 부대
☐☐	比赛	bǐsài	몡 시합, 경기
☐☐	赢	yíng	됭 이기다
			* 반의 输 shū 됭 지다
☐☐	可	kě	붸 강조를 나타냄

플러스 TIP

赢과 输

중국어에서 'A가 B를 이기다'라는 표현은 「A赢B」를 쓰고, 'A가 B에게 지다'라는 표현은 「A输给B」를 써요.

예 昨天韩国队赢了美国队。　어제 한국팀이 미국팀을 이겼어요.
　　Zuótiān Hánguó duì yíngle Měiguó duì.

　　去年日本队输给了中国队。作년에는 일본팀이 중국팀에게 졌어요.
　　Qùnián Rìběn duì shūgěile Zhōngguó duì.

1 对…感兴趣

对는 '~에 대하여'라는 뜻의 개사이며, 感兴趣는 '흥미를 느끼다'라는 뜻입니다. 「对…感兴趣」 형식으로 쓰여 어떤 분야에 관심이나 흥미가 있음을 나타냅니다. 부정형은 感兴趣 앞에 不를 써서 나타냅니다.

我对中国历史比较感兴趣。 나는 중국 역사에 비교적 관심이 있어요.
Wǒ duì Zhōngguó lìshǐ bǐjiào gǎn xìngqù.

我对他说的话不感兴趣。 나는 그가 한 말에 관심이 없어요.
Wǒ duì tā shuō de huà bù gǎn xìngqù.

感兴趣 대신 有兴趣를 쓰면 '흥미가 있다'라는 의미를 나타냅니다. 부정형은 有兴趣 앞에 没를 써서 나타냅니다.

他对韩国文化很有兴趣。 그는 한국 문화에 매우 관심이 있어요.
Tā duì Hánguó wénhuà hěn yǒu xìngqù.

🎓 확인체크

✦ 다음 문장을 바르게 고치세요.

❶ 你对感什么兴趣?

➡ _____

❷ 我对电影没感兴趣，你呢?

➡ _____

---

2 不但A，而且B

'A뿐만 아니라 B도 ~하다'라는 의미로, 어떤 동작이나 상태가 A보다 B에 한층 더 나아감을 나타내는 점층적 표현입니다.

他不但会说英语，而且会说汉语。
Tā búdàn huì shuō Yīngyǔ, érqiě huì shuō Hànyǔ.
그는 영어를 말할 수 있을 뿐만 아니라, 중국어도 말할 수 있어요.

我不但会开车，而且开得很好。
Wǒ búdàn huì kāi chē, érqiě kāi de hěn hǎo.
나는 운전을 할 수 있을 뿐만 아니라, 운전을 매우 잘해요.

> **TIP** A와 B의 주어가 다를 때는 不但을 주어 앞에 씁니다.
>
> 예 **不但他喜欢吃中国菜，而且他父母也喜欢。**
> Búdàn tā xǐhuan chī Zhōngguó cài, érqiě tā fùmǔ yě xǐhuan.
> 그가 중국요리를 좋아할 뿐만 아니라, 그의 부모님도 좋아하세요.

확인체크

♦ 다음 중 不但이 들어갈 알맞은 위치를 고르세요.

❶ A 他 B 听力 C 很好，而且口语也不错。

❷ A 他 B 没来 C ，而且他的同屋也没来。

❸ A 听说 B 明天 C 刮大风，而且下大雨。

---

3 不一定

一定은 부사로 '반드시', '꼭'이라는 의미를 나타냅니다. 앞에 不를 붙이면 '반드시 ~한 것은 아니다', '확실하지 않다'라는 의미가 됩니다.

爷爷不一定今天来。　　할아버지께서는 반드시 오늘 오시는 것은 아니에요.
Yéye bù yídìng jīntiān lái.

什么时候出发还不一定。　언제 출발할지 아직 확실하지 않아요.
Shénme shíhou chūfā hái bù yídìng.

단어 **历史** lìshǐ 명 역사 | **文化** wénhuà 명 문화 | **父母** fùmǔ 명 부모 | **出发** chūfā 동 출발하다

东民是足球迷。 他不但喜欢看球，而且喜欢踢球。
Dōngmín shì zúqiú mí.　Tā búdàn xǐhuan kàn qiú, érqiě xǐhuan tī qiú.

他还加入了学校的足球队，每天下课以后都去操场踢球。
Tā hái jiārùle xuéxiào de zúqiú duì, měi tiān xià kè yǐhòu dōu qù cāochǎng tī qiú.

最近正在进行世界杯比赛，他常常熬夜❶看现场直播。
Zuìjìn zhèngzài jìnxíng Shìjièbēi bǐsài, tā chángcháng áo yè kàn xiànchǎng zhíbō.

今天晚上是韩国队对❷意大利队的比赛，东民希望这次韩国
Jīntiān wǎnshang shì Hánguó duì duì Yìdàlì duì de bǐsài, Dōngmín xīwàng zhècì Hánguó

队能赢意大利队。
duì néng yíng Yìdàlì duì.

1 본문의 내용에 근거하여 다음 질문에 중국어로 답하세요.

❶ 东民喜欢什么运动?

 _____

❷ 东民每天下课以后做什么?

🎤 _____

❸ 今晚有哪两个队的比赛?

🎤 _____

2 녹음을 듣고 본문과 일치하면 ○, 일치하지 않으면 ×를 표시한 후, 녹음 내용을 빈칸에 쓰세요.

Track04-04

❶ ☐ 　 东民只喜欢_____, 不喜欢_____。

❷ ☐ 　 最近有世界杯比赛，东民常常熬夜_____。

❸ ☐ 　 东民希望_____。

단어

Track04-05

☐☐ 迷 mí 〔명〕 팬, 애호가, 광(狂)

☐☐ 加入 jiārù 〔동〕 가입하다, 참가하다

☐☐ 操场 cāochǎng 〔명〕 운동장

☐☐ 进行 jìnxíng 〔동〕 진행하다

☐☐ 熬夜 áo yè 〔동〕 밤샘하다, 철야하다

☐☐ 现场直播 xiànchǎng zhíbō 현장 생중계

☐☐ 对 duì 〔동〕 대하다, 상대하다

☐☐ 意大利 Yìdàlì 〔고유〕 이탈리아

☐☐ 运动 yùndòng 〔명〕 운동 〔동〕 운동하다

─● 플러스Tip ●─

❶ 熬夜는 '밤샘하다', '철야하다'라는 의미로 자주 쓰이는 표현은 熬夜学习(밤새서 공부하다), 熬夜工作(밤새서 일하다) 등이 있어요.

❷ 对는 스포츠 경기 등에서 두 팀 간의 대항을 나타내거나 두 개의 대립되는 사물을 나타낼 때 '대(vs)'라는 의미로 쓰여요.

STEP 1 녹음을 듣고 제시된 문장과 내용이 일치하는지 ○×로 표시하세요.

❶   安娜是球迷。
            Ānnà shì qiúmí.

❷   东民对足球很感兴趣。
            Dōngmíng duì zúqiú hěn gǎn xìngqù.

❸   安娜不但喜欢看电影，而且喜欢跳舞、喝酒。
            Ānnà búdàn xǐhuan kàn diànyǐng, érqiě xǐhuan tiào wǔ、hē jiǔ.

❹   东民不但喜欢看球赛，而且喜欢去旅行。
            Dōngmín búdàn xǐhuan kàn qiúsài, érqiě xǐhuan qù lǚxíng.

东民　你还在看电影吗? 你真是个_____。
Nǐ hái zài kàn diànyǐng ma? Nǐ zhēn shì ge

安娜　东民，那你呢? 不是足球迷吗? _____。
Dōngmín, nà nǐ ne?　Búshì zúqiú mí ma?

东民　看足球比赛_____!
Kàn zúqiú bǐsài

安娜　那你踢得怎么样?
Nà nǐ tī de zěnmeyàng?

东民　还好。安娜，你有没有别的爱好?
Hái hǎo.　Ānnà, nǐ yǒu méiyǒu bié de àihào?

安娜　我还喜欢_____、_____。你呢?
Wǒ hái xǐhuan　　　　　　　　　　　　　Nǐ ne?

东民　我最大的爱好是旅行。
Wǒ zuì dà de àihào shì lǚxíng.

　　　_____、_____，我就去旅行。
　　　　　　　　　　　　　　　　　　wǒ jiù qù lǚxíng.

Track04-07

□□ 跳舞 tiào wǔ 동 춤추다 　　□□ 别的 bié de 다른 것, 다른 사람
□□ 球赛 qiúsài 명 구기 시합 　　□□ 爱好 àihào 명 취미, 애호
□□ 影迷 yǐngmí 명 영화광 　　□□ 唱歌(儿) chàng gē(r) 동 노래하다
□□ 还好 hái hǎo (그런대로) 괜찮다

1 다음을 읽은 후 해석하세요.

> 　　迈克是个棒球迷。他不但在家看棒球比赛，而且还常常去棒球场看比赛。可是迈克的女朋友对棒球没有兴趣，她的爱好是买东西。朋友们都觉得他们两个人不太合适。
>
> 단어 棒球 bàngqiú 몡 야구 | 合适 héshì 혱 적당하다, 어울리다

2 다음 빈칸을 채워 회화를 완성해 보세요.

❶ A 你弟弟对太极拳＿＿＿＿＿＿吗?

　 B 他＿＿＿＿＿＿喜欢打太极拳，而且打得很好。

❷ A 今晚有韩国队的比赛，你看吗?

　 B 那＿＿＿＿＿＿说! 一起看吧!

　 A 我觉得韩国队能赢。

　 B 那可＿＿＿＿＿＿!

3 제시된 단어를 배열하여 문장을 만드세요.

① 唱歌儿 / 他 / 不但 / 喜欢 / 唱得 / 而且 / 不错

➡ _____

② 传统 / 感 / 对 / 武术 / 你 / 兴趣 / 吗

➡ _____

③ 他 / 篮球队 / 加入了 / 学校的 / 还

➡ _____

④ 我 / 弟弟 / 迷 / 是 / 个 / 车

➡ _____

4 제시된 단어를 이용하여 문장을 중국어로 써 보세요.

① 그는 농구 하는 것을 좋아할 뿐만 아니라, 농구 경기를 보는 것도 좋아합니다. (不但…而且…)

➡ _____

② 보기 좋은 것이 꼭 맛있는 것은 아닙니다. (不一定)

➡ _____

③ 그는 자주 밤새서 숙제를 합니다. (熬夜)

➡ _____

④ 나는 월드컵에 관심이 없습니다. (对…感兴趣)

➡ _____

Track04-09

打羽毛球
dǎ yǔmáoqiú

배드민턴을 치다

攀岩
pānyán

클라이밍을 하다

打拳击
dǎ quánjī

복싱을 하다

练跆拳道
liàn táiquándào

태권도를 하다

跳绳
tiàoshéng

줄넘기를 하다

滑雪
huá xuě

스키를 타다

START!

5과

对不起，我恐怕去不了。

미안해요. 나는 아마 못 갈 것 같아요.

▶ **표현** 약속 관련 표현 익히기
　　　가능·불가능 표현 익히기

▶ **어법** 恐怕 | 가능보어 不了 | 会

트레이닝 듣기

Track05과

13 今晚你有空吗？		오늘 저녁에 당신은 시간 있어요?
14 我恐怕去不了。		나는 아마 못 갈 것 같아요.
15 你会看得懂的。		당신은 보고 이해할 수 있을 거예요.

龙龙 今晚你有空吗?
Jīnwǎn nǐ yǒu kòng ma?

我想请你去看电影。
Wǒ xiǎng qǐng nǐ qù kàn diànyǐng.

东民 对不起,
Duìbuqǐ,

我恐怕❶去不了❷。
wǒ kǒngpà qù bu liǎo.

龙龙 怎么了?
Zěnme le?

东民 我晚上有一个重要的约会。
Wǒ wǎnshang yǒu yí ge zhòngyào de yuēhuì.

龙龙 那什么时候有时间?
Nà shénme shíhou yǒu shíjiān?

东民 后天晚上。有什么好电影吗?
Hòutiān wǎnshang. Yǒu shénme hǎo diànyǐng ma?

龙龙 最近有一部很有意思的中国电影。
Zuìjìn yǒu yí bù hěn yǒu yìsi de Zhōngguó diànyǐng.

东民 可是电影里的对话太快了,我恐怕听不懂。
Kěshì diànyǐng li de duìhuà tài kuài le, wǒ kǒngpà tīng bu dǒng.

龙龙 放心吧。中国电影也有中文字幕,你会❸看得懂的。
Fàng xīn ba. Zhōngguó diànyǐng yě yǒu Zhōngwén zìmù, nǐ huì kàn de dǒng de.

☐☐ 空	kòng	몝 시간, 짬, 틈, 빈칸[空儿로 쓰기도 함]	
	kōng	톉 속이 비다	
		* 空房间 kōng fángjiān 빈 방	
☐☐ 恐怕	kǒngpà	뎊 (나쁜 결과를 예상해서) 아마 ~일 것이다	
		툅 ~일까 걱정이다	
☐☐ …不了	…bu liǎo	~할 수 없다, 해낼 수 없다	
		* 반의 …得了 …de liǎo ~할 수 있다	
☐☐ 重要	zhòngyào	톉 중요하다	
☐☐ 约会	yuēhuì	몝 약속 툅 약속하다	
☐☐ 部	bù	톷 편, 부[영화·서적 등을 세는 단위]	
☐☐ 对话	duìhuà	몝 대화, 담화 툅 대화하다	
☐☐ 放心	fàng xīn	툅 마음을 놓다, 안심하다	
		* 반의 担心 dān xīn 툅 걱정하다	
☐☐ 字幕	zìmù	몝 (영화 따위의) 자막	

플러스 TIP

각종 영화 장르

· 喜剧片 xǐjùpiàn 코미디 영화
· 爱情片 àiqíngpiàn 로맨스 영화
· 动画片 dònghuàpiàn 애니메이션
· 动作片 dòngzuòpiàn 액션 영화
· 科幻片 kēhuànpiàn 공상 과학 영화
· 恐怖片 kǒngbùpiàn 공포 영화
· 战争片 zhànzhēngpiàn 전쟁 영화
· 记录片 jìlùpiàn 다큐멘터리 영화

1 恐怕

恐怕는 '아마 ~일 것이다'라는 뜻으로, 좋지 못한 결과나 부정적인 일을 예상할 때 씁니다.

最近我很忙，恐怕没时间见你。 요즘 내가 바빠서, 아마 당신을 만날 시간이 없을 거예요.
Zuìjìn wǒ hěn máng, kǒngpà méi shíjiān jiàn nǐ.

这本书很难，我恐怕看不懂。 이 책은 너무 어려워서, 나는 (보고) 이해할 수 없을 거예요.
Zhè běn shū hěn nán, wǒ kǒngpà kàn bu dǒng.

> ♦ 다음 문장 중 恐怕가 잘못 쓰인 하나를 고르세요.
>
> ❶ 明天恐怕下雨，在家休息吧。 ❷ 他说得很快，你恐怕听不懂。
>
> ❸ 中国队恐怕赢了，太好了! ❹ 小王恐怕还没做完。

2 가능보어 不了(bu liǎo)

① 동사와 결과보어나 방향보어 사이에 得를 넣어 '~할 수 있다'라는 가능을 나타내는 것을 가능보어라고 합니다. 부정형은 得 대신에 不를 넣으면 됩니다.

今天晚上八点以前回得来吗? 오늘 저녁 여덟 시 이전에 돌아올 수 있어요?
Jīntiān wǎnshang bā diǎn yǐqián huí de lái ma?

我前边儿的人太高了，我看不见。 내 앞의 사람이 너무 커서, 나는 보이지 않아요.
Wǒ qiánbianr de rén tài gāo le, wǒ kàn bu jiàn.

② 동사 뒤에 得了(de liǎo ~할 수 있다)나 不了(bu liǎo ~할 수 없다)를 넣어 가능과 불가능을 나타낼 수 있습니다.

五瓶啤酒，他一个人喝得了。 맥주 다섯 병을, 그는 혼자서 마실 수 있어요.
Wǔ píng píjiǔ, tā yí ge rén hē de liǎo.

那座山太高了，我爬不了。 그 산은 너무 높아서, 나는 올라갈 수 없어요.
Nà zuò shān tài gāo le, wǒ pá bu liǎo.

♦ 得了나 不了를 써서 다음 문장을 완성하세요.

❶ 妈，饭太多了，我_____。

❷ A 太晚了，你去得了吗?

　　B 放心，我一定_____。

3 会

① 능력을 나타냄 : '~할 줄 알다', '~할 수 있다'라는 의미로, 학습을 통해 습득한 능력을 나타낼 때 씁니다.

我会打篮球。　　　　　　　나는 농구를 할 줄 알아요.
Wǒ huì dǎ lánqiú.

我弟弟会说德语。　　　　　내 남동생은 독일어를 할 줄 알아요.
Wǒ dìdi huì shuō Déyǔ.

② 가능성, 추측을 나타냄 : '~할 가능성이 있다', '~일 것이다'라는 의미로, 추측을 나타내며, 뒤에 的가 함께 쓰이기도 합니다.

今天下午会下雪。　　　　　오늘 오후에 눈이 올 거예요.
Jīntiān xiàwǔ huì xià xuě.

时间太晚了，他不会来的。　시간이 너무 늦었어요. 그는 올 리가 없어요.
Shíjiān tài wǎn le, tā bú huì lái de.

♦ 다음 문장을 해석하고 밑줄 친 会의 쓰임을 써 보세요.

❶ 我觉得他会赢的。

➡ _____

❷ 他不但会做菜，而且做得很好吃。

➡ _____

단어　座 zuò 양 채, 동[부피가 크거나 고정된 물체를 세는 단위] ｜ 山 shān 명 산 ｜
爬 pá 동 기어가다, 기어오르다 ｜ 德语 Déyǔ 명 독일어 ｜ 晚 wǎn 형 (시간이) 늦다

这是你的问题

东民很喜欢中国电影。最近电影院正在上映一部新
Dōngmín hěn xǐhuan Zhōngguó diànyǐng. Zuìjìn diànyǐngyuàn zhèngzài shàngyìng yí bù xīn

电影，龙龙买了两张票，请东民一起看。
diànyǐng, Lónglong mǎile liǎng zhāng piào, qǐng Dōngmín yìqǐ kàn.

东民在韩国常看中国电影，但是来中国以后，一次也
Dōngmín zài Hánguó cháng kàn Zhōngguó diànyǐng, dànshì lái Zhōngguó yǐhòu, yí cì yě

没去过电影院。东民以前看的中国电影都是有韩语字幕
méi qùguo diànyǐngyuàn.　　Dōngmín yǐqián kàn de Zhōngguó diànyǐng dōu shì yǒu Hányǔ zìmù

的，当然看得懂。可是这部电影是没有韩语字幕的，恐怕
de, dāngrán kàn de dǒng.　　Kěshì zhè bù diànyǐng shì méiyǒu Hányǔ zìmù de,　　kǒng pà

听不懂，也看不懂。龙龙告诉东民，这部电影有中文字幕，
tīng bu dǒng, yě kàn bu dǒng. Lónglong gàosu Dōngmín, zhè bù diànyǐng yǒu Zhōngwén zìmù,

肯定❶没问题。
kěndìng méi wèntí.

1 본문의 내용에 근거하여 다음 질문에 중국어로 답하세요.

   ❶ 东民在中国去过电影院吗？ 🎤 _____

   ❷ 东民为什么觉得看不懂那部电影？🎤 _____

   ❸ 龙龙为什么说肯定没问题？ 🎤 _____

2 녹음을 듣고 본문과 일치하면 ○, 일치하지 않으면 ×를 표시한 후,
녹음 내용을 빈칸에 쓰세요.

Track05-04

   ❶   龙龙想_____。

   ❷   这部电影有_____字幕，所以东民_____。

   ❸   东民来中国以后，_____电影院。

Track05-05

  ☐☐ 电影院 diànyǐngyuàn 몡 영화관   ☐☐ 常 cháng 튄 자주

  ☐☐ 上映 shàngyìng 됭 (영화를) 상영하다   ☐☐ 肯定 kěndìng 튄 틀림없이

  ☐☐ 票 piào 몡 표, 티켓   휑 명확하다, 확실하다

  →플러스Tip•

  ❶ 肯定은 어떤 일이나 상황에 대해 자신의 추측이 틀림없거나 확실하다는 의미를 나타내요. 같은
     의미로 一定을 사용할 수 있어요.

STEP 1 녹음을 듣고 제시된 문장과 내용이 일치하는지 ○×로 표시하세요.

❶ 打电话的时候，安娜声音很小，东民听不见。
Dǎ diànhuà de shíhou, Ānnà shēngyīn hěn xiǎo, Dōngmín tīng bu jiàn.

❷ 安娜今晚想跟东民一起去看电影。
Ānnà jīnwǎn xiǎng gēn Dōngmín yìqǐ qù kàn diànyǐng.

❸ 东民没有时间，所以去不了。
Dōngmín méiyǒu shíjiān, suǒyǐ qù bu liǎo.

❹ 安娜告诉东民，演员的服装很好看，音乐也很好听。
Ānnà gàosu Dōngmín, yǎnyuán de fúzhuāng hěn hǎokàn, yīnyuè yě hěn hǎotīng.

安娜　喂，东民!
　　　Wéi, Dōngmín!

东民　喂? 喂? 安娜，你声音大点儿，我_____。
　　　Wéi?　Wéi?　Ānnà, nǐ shēngyīn dà diǎnr,　wǒ

安娜　喂，听得见吗?
　　　Wéi, tīng de jiàn ma?

东民　现在听得见了。安娜，_____吗?
　　　Xiànzài tīng de jiàn le.　Ānnà,　　　　　　　ma?

安娜　今天晚上_____，好吗?
　　　Jīntiān wǎnshang　　　　　　　　　　hǎo ma?

东民　我_____，因为我听不懂。
　　　Wǒ　　　　　　　　yīnwèi wǒ tīng bu dǒng.

安娜　没关系，我也听不懂。但是听说演员的服装_____，
　　　Méi guānxi, wǒ yě tīng bu dǒng.　Dànshì tīng shuō yǎnyuán de fúzhuāng

　　　而且音乐也_____。
　　　érqiě yīnyuè yě

东民　那咱们去看看吧。
　　　Nà zánmen qù kànkan ba.

단어

- □□ 声音 shēngyīn 圐 목소리, 소리
- □□ 演员 yǎnyuán 圐 배우, 연기자
- □□ 服装 fúzhuāng 圐 복장, 옷차림
- □□ 好听 hǎotīng 阌 듣기 좋다, 감미롭다
- □□ 京剧 jīngjù 圐 경극
- □□ 美 měi 阌 아름답다
- □□ 咱们 zánmen 덴 우리

Track05-07

Track05-08

1 다음을 읽은 후 해석하세요.

> 小英平时没空去超市买东西，她经常在网上买。今天很多东西正在打折，非常便宜。小英喜欢吃零食，买了很多好吃的零食。可是她买了太多了，一个月都吃不了。所以小英想送给安娜一些，希望她会喜欢。
>
> 단어 平时 píngshí 명 평소 ｜ 经常 jīngcháng 부 자주, 항상 ｜ 打折 dǎ zhé 통 할인하다 ｜
> 零食 língshí 명 간식, 군음식 ｜ 一些 yìxiē 양 조금

2 다음 문장에 이어지는 내용을 고르세요.

❶ 他们的对话太快了。 　　　　　　　 A 你声音大点儿!

❷ 我明天没有空儿。 　　　　　　　 B 我恐怕听不懂。

❸ 放心吧。 　　　　　　　 C 我觉得你会赢的。

❹ 我听不见。 　　　　　　　 D 去不了。

3 제시된 단어를 배열하여 문장을 만드세요.

❶ 打 / 他 / 会 / 电话 / 的 / 给我

➡ _____

❷ 那 / 部 / 有 / 电影 / 意思 / 美国 / 很

➡ _____

❸ 恐怕 / 要 / 明天 / 雪 / 下

➡ _____

❹ 你 / 吃 / 一个人 / 吗 / 了 / 得

➡ _____

4 제시된 단어를 이용하여 문장을 중국어로 써 보세요.

❶ 이렇게 많은 책을 오늘 저녁에 다 볼 수 없습니다. (…不…)

➡ _____

❷ 음식이 너무 많아서, 나 혼자서 먹을 수 없습니다. (…不了)

➡ _____

❸ 황산(黄山)은 너무 높아서, 나는 아마 올라갈(爬) 수 없을 것 같습니다. (恐怕)

➡ _____

❹ 내일 저녁에 비가 올 거라 나는 집에서 숙제를 하려고 합니다. (会)

➡ _____

단어 黄山 Huáng Shān 고유 황산

중국 영화의 거장_장이머우(张艺谋)

중국 영화는 역사가 짧음에도 불구하고 세계 영화계에서 당당히 자리매김을 하고 있는데요, 그 일등 공신이 바로 장이머우(张艺谋 Zhāng Yìmóu) 감독이지요.

장이머우의 데뷔작은 1987년에 첫 선을 보인 「붉은 수수밭(红高粱 Hónggāoliang)」인데요. 이 영화는 화면 가득한 붉은색의 이미지와 중국의 전통을 보여 주는 소재, 일제의 침략이라는 근대 중국의 아픔을 잘 표현해 세계적인 찬사를 받았지요. 뒤이어 「국두(菊豆 Júdòu)」, 「홍등(大红灯笼高高挂 Dà Hóng Dēnglong Gāogāo Guà)」 같은 작품들에서도 아름다운 색채 미학과 중국의 전통 이미지들이 활용되고, 억압된 제도와 관습의 타파, 여성의 성적 해방과 지위 향상 등을 영화 속에 담았으며, 「귀주 이야기(秋菊打官司 Qiūjú Dǎ Guānsi)」와 「인생(活着 Huózhe)」을 통해 근대 중국이 겪은 아픔을 그려 내려고 노력했어요. 2000년대에 들어서는 무협 영화 「영웅(英雄 Yīngxióng)」과 「연인(十面埋伏 Shímiàn Máifu)」을 발표하며 이전의 소박한 작품 세계와는 다른 큰 변화를 보여 주었어요.

영화로 데뷔하기 전에는 카메라맨이었고, 배우로 상을 받은 경력도 있는 장이머우는 영화뿐만 아니라 「푸치니의 오페라 투란도트」를 기획·감독하기도 하였고, 2008년에는 베이징올림픽 개폐막식의 총감독을 맡는 등 중국 문화 예술 분야에서 괄목할 만한 성과를 남기고 있어요.

베이징올림픽 이후에도 장이머우는 판타지, 사극, 전쟁, 드라마 등 다양한 장르의 영화를 쏟아내고 있어요. 특히 1970년대에 발생한 가슴 아픈 이별 이야기를 그린 영화 「5일의 마중(归来 Guīlái)」은 한국에서도 상영하여 큰 관심을 받았어요.

영화 「5일의 마중(归来)」

장이머우판 「푸치니의 오페라 투란도트」

START!

6과

我一喝酒就脸红。

나는 술만 마시면 얼굴이 빨개져요.

▶ **표현** 음식 주문 관련 표현 익히기
'～하자마자 ～하다' 표현 익히기

▶ **어법** 来 ┃ 别 ┃ 一…就…

트레이닝 듣기

Track06과

핵심 패턴

16 来一个鱼香肉丝。	위샹뤄쓰 하나 주세요.
17 今天我请客，别客气!	오늘은 내가 한턱낼게요. 사양하지 마세요!
18 我一喝酒就脸红、头疼。	나는 술만 마시면 얼굴이 빨개지고 머리가 아파요.

Track06-01

服务员	你们要点什么菜?
	Nǐmen yào diǎn shénme cài?

东民	来❶一个鱼香肉丝、
	Lái yí ge yúxiāngròusī、
	一个糖醋鱼。
	yí ge tángcùyú.

安娜	今天我请客,别❷客气!
	Jīntiān wǒ qǐng kè, bié kèqi!
	再要一个酸辣汤怎么样?
	Zài yào yí ge suānlàtāng zěnmeyàng?

东民	别点酸辣汤了,酸辣汤不合我的口味。
	Bié diǎn suānlàtāng le, suānlàtāng bù hé wǒ de kǒuwèi.

安娜	咱们喝点儿什么?
	Zánmen hē diǎnr shénme?

东民	喝啤酒吧。服务员,来两瓶青岛啤酒。
	Hē píjiǔ bā.　　　Fúwùyuán, lái liǎng píng Qīngdǎo píjiǔ.

安娜	不行,我一喝酒就❸脸红、头疼。我喝果汁儿吧。
	Bù xíng, wǒ yì hē jiǔ jiù liǎn hóng、tóu téng.　　Wǒ hē guǒzhīr ba.

东民	行!那我也喝果汁儿吧。
	Xíng!　Nà wǒ yě hē guǒzhīr ba.

 단어

□□	服务员	fúwùyuán	몡 종업원
□□	点菜	diǎn cài	동 요리를 주문하다
□□	鱼香肉丝	yúxiāngròusī	몡 위샹러우쓰[음식명]
□□	糖醋鱼	tángcùyú	몡 탕추위[음식명]
□□	请客	qǐng kè	동 한턱내다
□□	别	bié	부 ~하지 마라
□□	客气	kèqi	동 사양하다 형 예의가 바르다, 겸손하다
□□	酸辣汤	suānlàtāng	몡 쏸라탕[음식명]
□□	合	hé	동 맞다, 부합하다
□□	口味	kǒuwèi	몡 입맛
□□	青岛啤酒	Qīngdǎo píjiǔ	고유 칭다오 맥주
□□	行	xíng	형 좋다, 괜찮다
□□	脸红	liǎn hóng	동 얼굴이 빨개지다, 부끄러워하다
□□	果汁(儿)	guǒzhī(r)	몡 과일 주스

플러스 TIP

음식 관련 단어

➡ 조리법

· 炒 chǎo 볶다
· 炸 zhá 튀기다
· 煮 zhǔ 끓이다, 삶다
· 烤 kǎo 굽다
· 煎 jiān (기름에) 부치다
· 蒸 zhēng 찌다

➡ 맛

· 甜 tián 달다
· 酸 suān 시다
· 辣 là 맵다
· 咸 xián 짜다
· 苦 kǔ 쓰다
· 淡 dàn 싱겁다

1 来

来는 다음과 같이 여러 가지 의미로 쓰입니다.

① 오다

你来干什么?　　　　　　　　당신은 무엇을 하러 오나요?
Nǐ lái gàn shénme?

② 대동사 : 중국인의 언어 습관상 상점이나 특히 식당에서는 买나 要 대신에 来를 씁니다.

来一个鱼香肉丝。　　　　　　위샹뤄쓰 하나 주세요.
Lái yí ge yúxiāngròusī.

我们再来一瓶烧酒，怎么样?　우리 소주 한 병 더 시키는 거 어때요?
Wǒmen zài lái yì píng shāojiǔ, zěnmeyàng?

③ 자, 그러면 : 다른 사람을 부르거나 재촉할 때 씁니다.

来，我们干杯!　　　　　　　자, 우리 건배합시다!
Lái, wǒmen gān bēi!

확인체크

♦ 다음 문장에 쓰인 来의 뜻을 써 보세요.

❶ 来，我们一起唱!　　　　(　　　　　　)

❷ 来两瓶啤酒吧。　　　　　(　　　　　　)

❸ 刚才护士来了，你不在。　(　　　　　　)

---

2 别

부사 别는 동사 앞에 위치하여 '~하지 마라'라는 금지를 나타내며, 문장 끝에 어기조사 了를 쓰기도 합니다.

别 + 동사 + (了)

别吃太多甜的。 단 것을 너무 많이 먹지 마세요.
Bié chī tài duō tián de.

你今天别回去了，睡在这儿吧。 당신은 오늘 돌아가지 말고, 여기서 자요.
Nǐ jīntiān bié huíqu le, shuìzài zhèr ba.

TIP 别는 不要와 의미는 같지만, 不要가 명령의 느낌이 좀 더 강합니다.

3 一…就…

'~하자마자 곧 ~하다'라는 의미로, 어떤 행동이나 상황이 일어나자마자 또 다른 행동이나 상황이 연이어 일어남을 나타냅니다.

你一到韩国就给我打电话。 당신은 한국에 도착하자마자 나에게 전화하세요.
Nǐ yí dào Hánguó jiù gěi wǒ dǎ diànhuà.

我一下课就回家了。 나는 수업이 끝나자마자 집으로 돌아갔어요.
Wǒ yí xià kè jiù huí jiā le.

확인체크

♦ 一…就…를 넣어 다음 두 문장을 하나의 문장으로 만드세요.

❶ 我回头了。/ 我看见他了。 ➡ _____

❷ 他每天回家。/ 他做饭。 ➡ _____

단어 烧酒 shāojiǔ 몡 소주, 배갈 | 干杯 gān bēi 동 건배하다 | 护士 hùshi 몡 간호사 |
回头 huí tóu 동 고개를 돌리다, 뒤돌아보다

安娜今天拿到了打工的工资❶，很高兴。所以她打算
Ānnà jīntiān nádàole dǎ gōng de gōngzī, hěn gāoxìng.　　　　Suǒyǐ Tā dǎsuan

请东民吃饭。学校附近新开了一家饭馆儿，大家都说又
qǐng Dōngmín chī fàn. Xuéxiào fùjìn xīn kāile yì jiā fànguǎnr, dàjiā dōu shuō yòu

好吃又便宜，她决定去那儿请客。
hǎochī yòu piányi, tā juédìng qù nàr qǐng kè.

　　他们点了一个鱼香肉丝和一个糖醋鱼。本来东民想喝
　　Tāmen diǎnle yí ge yúxiāngròusī hé yí ge tángcùyú.　　　　Běnlái Dōngmín xiǎng hē

啤酒，不过安娜不会喝酒，所以他们喝了果汁儿。今天
píjiǔ, búguò Ānnà bú huì hē jiǔ, suǒyǐ tāmen hēle guǒzhīr.　　　　Jīntiān

他们吃得很开心。
tāmen chī de hěn kāixīn.

1 본문의 내용에 근거하여 다음 질문에 중국어로 답하세요.

❶ 安娜今天为什么请客？

 _____

❷ 安娜决定去哪儿吃饭？

🎤 _____

❸ 他们为什么没喝啤酒？

🎤 _____

2 녹음을 듣고 본문과 일치하면 ○, 일치하지 않으면 ×를 표시한 후, 녹음 내용을 빈칸에 쓰세요.

Track06-04

❶ [　] 安娜拿到了_____，所以要_____。

❷ [　] 那家饭馆儿_____，_____。

❸ [　] 安娜一_____就_____。

Track06-05

□□ 拿到 nádào 图 손에 넣다, 받다　　　　□□ 饭馆儿 fànguǎnr 图 음식점, 식당

□□ 打工 dǎ gōng 图 아르바이트를 하다　　□□ 决定 juédìng 图 결정하다

□□ 工资 gōngzī 图 임금, 수당　　　　　　□□ 本来 běnlái 图 본래, 원래

━━ 플러스Tip ━━

❶ 工资는 일해서 받는 '임금', '수당'이라는 의미로, '임금을 받다'는 领工资(lǐng gōngzī), '임금을 주다' 는 发工资(fā gōngzī)라고 해요. 이외에 '월급'은 月薪(yuèxīn), '연봉'은 年薪(niánxīn)이라고 해요.

STEP 1 녹음을 듣고 제시된 문장과 내용이 일치하는지 ○×로 표시한 후, 틀린 부분을 바르게 고치세요.

❶ 这家饭馆儿的菜又贵又不好吃。
Zhè jiā fànguǎnr de cài yòu guì yòu bù hǎochī.

➡ _____

❷ 小英一看菜单就很高兴。
Xiǎoyīng yí kàn càidān jiù hěn gāoxìng.

➡ _____

❸ 这儿的糖醋鱼也很好吃。
Zhèr de tángcùyú yě hěn hǎochī.

➡ _____

龙龙　这家饭馆儿的菜＿＿＿＿＿＿＿＿＿＿。
Zhè jiā fànguǎnr de cài

小英，这是菜单，你喜欢吃什么？
Xiǎoyīng, zhè shì càidān, nǐ xǐhuan chī shénme?

小英　我一看菜单＿＿＿＿＿＿。龙龙，你＿＿＿＿＿＿吧。
Wǒ yí kàn càidān　　　Lónglong, nǐ　　　ba.

龙龙　行，我来点。我想吃韩式炒饭。
Xíng, wǒ lái diǎn.　Wǒ xiǎng chī Hánshì chǎofàn.

小英　韩式炒饭味道怎么样？腻不腻？
Hánshì chǎofàn wèidao zěnmeyàng? Nì bu nì?

龙龙　挺好吃的，＿＿＿＿＿＿＿＿腻，＿＿＿＿＿＿＿＿辣。
Tǐng hǎochī de,　　　　nì,　　　　là.

小英　没关系，辣的＿＿＿＿＿＿＿＿＿。我还想吃甜的菜。
Méi guānxi, là de　　　　　Wǒ hái xiǎng chī tián de cài.

龙龙　糖醋鱼怎么样？这儿的糖醋鱼＿＿＿＿＿＿＿，你肯定会喜欢。
Tángcùyú zěnmeyàng? Zhèr de tángcùyú　　　　nǐ kěndìng huì xǐhuan.

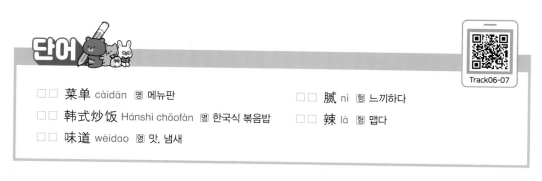

Track06-07

□□ 菜单 càidān 몡 메뉴판　　　　　□□ 腻 nì 혱 느끼하다

□□ 韩式炒饭 Hánshì chǎofàn 몡 한국식 볶음밥　　□□ 辣 là 혱 맵다

□□ 味道 wèidao 몡 맛, 냄새

1 다음을 읽은 후 해석하세요.

> 今天中国朋友请东民吃饭。朋友点了很多中国菜。这些菜都合东民的口味，很好吃，就是有点儿油腻。他们还喝了一瓶中国白酒。他们今天吃得特别高兴。
>
> **단어** 些 xiē 窗 약간, 조금 ┃ 油腻 yóunì 窗 느끼하다, 기름지다 ┃ 白酒 báijiǔ 窗 백주, 배갈

2 **보기** 의 단어를 사용하여 다음 회화를 완성해 보세요.

> **보기**　　　菜单　　请客　　来　　喝　　合

A 今天我_____，别客气!

　 这是_____，你点菜吧。

B 好。_____一个鱼香肉丝和一个酸辣汤怎么样?

A 好，酸辣汤又酸又辣，很_____我的口味。

B _____点儿什么?

A 啤酒吧。

3 제시된 단어를 배열하여 문장을 만드세요.

① 喝酒 / 一 / 想 / 就 / 睡觉 / 他

➡ _____

② 点菜 / 你 / 太 / 点 / 多 / 了 / 得

➡ _____

③ 别 / 话 / 你 / 说 / 了

➡ _____

④ 服务员 / 茶 / 来 / 杯 / 两

➡ _____

4 제시된 단어를 이용하여 문장을 중국어로 써 보세요.

① 나는 중국요리를 주문할 줄 모릅니다. (点)

➡ _____

② 남동생은 책을 보기만 하면 머리가 아픕니다. (一…就…)

➡ _____

③ 김치는 너무 매워서 나의 입맛에 맞지 않습니다. (合)

➡ _____

④ 너무 짠 것은 먹지 마세요. 짠 것은 몸에 좋지 않습니다. (別)

➡ _____

단어 酸 suān 형 시다 | 咸 xián 형 짜다

중국요리 이름으로 재료와 맛을 알 수 있을까?

중국요리는 중국인도 다 먹어 보지 못할 정도로 종류가 아주 많아요. 중국 식당에 가서 메뉴판을 펼치는 순간 눈앞이 아찔할 거예요. 왜냐고요? 한자로 된 음식 이름이 빽빽하게 줄지어 있거든요. 당황하지 마세요. 중국요리 이름에 있는 몇 글자만 알면 음식의 주재료, 조리법, 모양 등을 알 수 있으니까요.

鱼香肉丝
yúxiāngròusī
위샹뤄쓰

· 鱼香 → 소스: 짭짜름하고 매콤한 맛이 나는 소스
· 肉 → 주재료: 돼지고기
· 丝 → 모양: 가늘고 긴 모양

돼지고기 살코기를 가늘게 채 썰어 죽순, 목이버섯, 잘게 썬 파, 생강 등의 야채와 고추, 식초, 소금, 간장, 설탕 등을 넣고 볶다가 전분과 육수로 걸쭉하게 마무리하는 요리예요.

京酱肉丝
jīngjiàngròusī
징장뤄쓰

· 京 → 지역 이름: 베이징
· 酱 → 소스: 짜장 소스
· 肉 → 주재료: 돼지고기
· 丝 → 모양: 가늘고 긴 모양

얇은 두부피에 파와 짜장 소스로 양념한 가늘고 긴 모양의 돼지고기를 함께 싸서 먹는 요리로, 맛은 달콤짭짤해요.

酸辣汤
suānlàtāng
쏸라탕

· 酸 → 맛: 신 맛
· 辣 → 맛: 매운 맛
· 汤 → 종류: 탕

고기, 두부, 죽순, 바오닝추(保宁醋 bǎoníngcù 짙은 대추 색을 띠며 산미가 부드럽고 은은한 단맛이 감도는 식초) 등의 간단한 재료를 넣어 끓인 요리예요.

高铁票卖光了。

가오티에(고속 열차)표는 다 팔렸어요.

▶ **표현** 기차표 예매 관련 표현 익히기
　　　　어림수 표현 익히기

▶ **어법** 결과보어 光 ｜ 左右 ｜ 让

트레이닝 듣기

Track07과

핵심 패턴

19 高铁票卖光了。　　　　　　가오티에표는 다 팔렸어요.

20 十三个小时左右。　　　　　　열세 시간 정도요.

21 请让我看一下你的护照。　　　저에게 당신의 여권을 좀 보여 주세요.

安娜　请问，有去杭州的
　　　Qǐngwèn, yǒu qù Hángzhōu de

　　　高铁票吗?
　　　gāotiě piào ma?

售票员　您要几号的?
　　　　Nín yào jǐ hào de?

安娜　五月一号的。
　　　Wǔ yuè yī hào de.

售票员　高铁票卖光❶了，只有动车票。
　　　　Gāotiě piào màiguāng le, zhǐ yǒu dòngchē piào.

安娜　坐动车到杭州要多长时间?
　　　Zuò dòngchē dào Hángzhōu yào duō cháng shíjiān?

售票员　十三个小时左右❷，晚上七点开。
　　　　Shísān ge xiǎoshí zuǒyòu, wǎnshang qī diǎn kāi.

安娜　那我坐动车吧。　有没有卧铺票?
　　　Nà wǒ zuò dòngchē ba.　　Yǒu méiyǒu wòpù piào?

售票员　有。请让❸我看一下你的护照。
　　　　Yǒu.　　Qǐng ràng wǒ kàn yíxià nǐ de hùzhào.

 단어

☐☐	杭州	Hángzhōu	고유 항저우, 항주
☐☐	高铁	gāotiě	명 가오티에[중국의 고속 열차, 가장 빠른 열차]
☐☐	售票员	shòupiàoyuán	명 매표원
☐☐	卖	mài	동 팔다
☐☐	光	guāng	형 조금도 남지 않다
☐☐	动车	dòngchē	명 둥처[중국의 고속 열차]
☐☐	左右	zuǒyòu	명 가량, 정도, 쯤
☐☐	开	kāi	동 운전하다, 시작하다
			* 开学 kāi xué 동 개학하다
☐☐	卧铺	wòpù	명 침대칸
			* 硬卧 yìngwò 명 일반 침대칸
			软卧 ruǎnwò 명 일등 침대칸
☐☐	让	ràng	동 ~하게 하다, ~하도록 시키다
☐☐	护照	hùzhào	명 여권

플러스 TIP

기차 관련 단어

➡ 열차 종류
· 高铁 gāotiě 가오티에
· 动车 dòngchē 둥처
· 特快 tèkuài 특급 열차
· 直快 zhíkuài 직행열차
· 普快 pǔkuài 완행열차

➡ 좌석 종류
· 软卧 ruǎnwò 일등 침대칸
· 硬卧 yìngwò 일반 침대칸
· 软座 ruǎnzuò 일등석
· 硬座 yìngzuò 일반석
· 站票 zhànpiào 입석표

192J093984   检票:A27
郑州东站   G1925   西安北站
Zhengzhoudong   Xi'anbei
2017年06月06日 16:46开   03车04D号
¥239.0元   网   二等座
限乘当日当次车
14041111985****0854 李小二
买票请到12306 发货请到95306
中国铁路祝你旅途愉快
6577331192060 7J093984   郑州东售

1 결과보어 光

결과보어 光은 '다 ~해 버리다'라는 의미로 아무것도 남지 않은 상태를 나타냅니다.

钱都花光了。　　　돈은 다 써 버렸어요.
Qián dōu huāguāng le.

小猫把鱼吃光了。　고양이가 생선을 남김없이 다 먹어 버렸어요.
Xiǎomāo bǎ yú chīguāng le.

> **TIP** 결과보어 完은 '완료되다', '마치다'의 의미로 어떠한 일이나 동작이 마무리된 것을 나타냅니다.
>
> 예 水都用完了。 물을 다 썼어요.
> 　　Shuǐ dōu yòngwán le.

확인체크

♦ 다음 「동사+光」의 뜻을 써 보세요.

❶ 卖光　(　　　　　　　　　)　　　❷ 喝光　(　　　　　　　　　　)

❸ 用光　(　　　　　　　　　)

---

2 左右

시간이나 날짜, 금액, 크기, 무게 등을 나타내는 수량사 뒤에 놓여 '정도', '쯤'의 의미로 쓰입니다.

这件衣服三百块左右。 이 옷은 3백 위안 정도예요.
Zhè jiàn yīfu sānbǎi kuài zuǒyòu.

他说下午三点左右来。 그가 오후 3시 정도에 오겠다고 말했어요.
Tā shuō xiàwǔ sān diǎn zuǒyòu lái.

단어 花 huā 동 (돈이나 시간을) 쓰다 | 小猫 xiǎomāo 명 고양이 | 鱼 yú 명 생선, 물고기 |
用 yòng 동 쓰다, 사용하다 | 身份证 shēnfènzhèng 명 신분증 |
办公室 bàngōngshì 명 사무실 | 教练 jiàoliàn 명 코치 | 参加 cānjiā 동 참가하다

3 让

让은 다른 사람에게 어떤 일을 하도록 요구하는 사역 동사로, 「A+让+B」의 형식으로 쓰여 'A가 B로 하여금 ~하게 하다'라는 의미를 나타냅니다. 让 대신에 叫(jiào)를 쓸 수도 있습니다.

주어(행위 주체) + 让/叫 + 목적어(행위 객체) + 동사

爸爸让我去买东西。
Bàba ràng wǒ qù mǎi dōngxi.
아빠는 저에게 물건을 사러 가라고 시키셨어요.

请让我看一看您的身份证。
Qǐng ràng wǒ kàn yi kàn nín de shēnfènzhèng.
당신의 신분증을 좀 보여 주세요. [행위 주체인 您 생략]

老师叫你去办公室。
Lǎoshī jiào nǐ qù bàngōngshì.
선생님이 당신에게 사무실에 가라고 하셨어요.

부정문은 让 앞에 不나 没를 씁니다.

妈妈不让弟弟吃零食。
Māma bú ràng dìdi chī língshí.
엄마는 남동생에게 간식을 먹지 못하게 해요.

TIP 让의 다양한 의미

❶ 양보하다
　예 请让一下。　　좀 비켜 주세요.
　　　Qǐng ràng yíxià.

❷ ~하게 하다[사역]
　예 老师让学生做作业。　　선생님은 학생들에게 숙제를 하게 해요.
　　　Lǎoshī ràng xuésheng zuò zuòyè.

❸ 당하다[피동]
　예 我的照相机让他拿走了。　　내 사진기는 그가 가져갔어요.
　　　Wǒ de zhàoxiàngjī ràng tā názǒu le.

확인체크

♦ 다음 중 让이 들어갈 알맞은 위치를 고르세요.

❶ A 他 B 给你 C 买吧。

❷ A 找工作 B 我 C 很头疼。

❸ A 教练 B 没 C 他 D 参加比赛。

安娜来中国以后，一直没时间去旅游。后天是劳动节，
Ānnà lái Zhōngguó yǐhòu, yìzhí méi shíjiān qù lǚyóu. Hòutiān shì Láodòng Jié,

学校放三天假。她想趁着❶放假去杭州旅游。
xuéxiào fàng sān tiān jià. Tā xiǎng chènzhe fàng jià qù Hángzhōu lǚyóu.

安娜还没坐过中国的高铁，所以她决定坐高铁去。今天
Ānnà hái méi zuòguo Zhōngguó de gāotiě, suǒyǐ tā juédìng zuò gāotiě qù. Jīntiān

她去火车站买票的时候，售票员告诉她高铁票都卖光了，只
tā qù huǒchēzhàn mǎi piào de shíhou, shòupiàoyuán gàosu tā gāotiě piào dōu màiguāng le, zhǐ

有动车票。最后安娜买了一张去杭州的动车卧铺票。
yǒu dòngchē piào. Zuìhòu Ānnà mǎile yì zhāng qù Hángzhōu de dòngchē wòpù piào.

1 본문의 내용에 근거하여 다음 질문에 중국어로 답하세요.

    ❶ 劳动节学校放几天假？   🎤 _____

    ❷ 安娜为什么想坐高铁去？   🎤 _____

    ❸ 安娜为什么没买高铁票？   🎤 _____

2 녹음을 듣고 본문과 일치하면 ○, 일치하지 않으면 ×를 표시한 후,
녹음 내용을 빈칸에 쓰세요.

Track07-04

    ❶ ☐   安娜来中国以后，_____。

    ❷ ☐   安娜_____去杭州旅游。

    ❸ ☐   安娜买了一张_____卧铺票。

Track07-05

  ☐☐ 劳动节 Láodòng Jié 명 노동절[5월 1일]   ☐☐ 火车站 huǒchēzhàn 명 기차역
  ☐☐ 趁着 chènzhe ~를 이용하다, ~를 틈타

───● 플러스Tip ●───
  ❶ 趁着는 '~를 틈타'라는 뜻으로, 조건이나 기회를 이용해서 어떤 동작을 할 때 사용해요.
    예 趁着这个机会，我想好好儿休息一下。 이번 기회를 이용해서 나는 잘 쉬고 싶어요.
      Chènzhe zhè ge jīhuì, wǒ xiǎng hǎohāor xiūxi yíxià.

STEP 1 녹음을 듣고 다음 질문에 답하세요.

❶ 龙龙几号去上海?

Lónglong jǐ hào qù Shànghǎi?

➡ _____

❷ 坐动车到上海要多长时间?

Zuò dòngchē dào Shànghǎi yào duō cháng shíjiān?

➡ _____

❸ 龙龙最后买了什么票?

Lónglong zuìhòu mǎile shénme piào?

➡ _____

龙龙　　我要一张＿＿＿＿＿＿＿的火车票。
　　　　Wǒ yào yì zhāng　　　　　　　de huǒchē piào.

售票员　你要动车票＿＿＿＿＿高铁票？
　　　　Nǐ yào dòngchē piào　　　　gāotiě piào?

龙龙　　动车票。动车要多长时间？
　　　　Dòngchē piào. Dòngchē yào duō cháng shíjiān?

售票员　＿＿＿＿＿＿＿＿＿＿＿＿。

龙龙　　有晚上七点左右开的动车吗？
　　　　Yǒu wǎnshang qī diǎn zuǒyòu kāi de dòngchē ma?

售票员　有。你要坐票还是卧铺票？
　　　　Yǒu.　Nǐ yào zuòpiào háishi wòpù piào?

龙龙　　＿＿＿＿＿＿二等＿＿＿＿＿＿＿。
　　　　　　　　　　èr děng

售票员　好，请稍等。
　　　　Hǎo, qǐng shāo děng.

□□ 坐票 zuòpiào 명 좌석표　　　　□□ 稍 shāo 부 잠깐
□□ 二等 èr děng 이등

1 다음을 읽은 후 해석하세요.

> 　　东民想国庆节去上海找朋友玩儿。十月一号的飞机票都卖光了，所以东民打算坐高铁去。从北京坐高铁去上海不到六个小时，又快又舒服。东民买了一张十月一号早上八点开的高铁票。

2 제시된 내용을 참고하여 대화를 완성하세요.

A 我要一张＿＿＿＿＿＿＿＿＿＿＿＿。(15일 베이징행 가오티에표)

B 你要几点的?

A ＿＿＿＿＿＿＿＿＿＿。(오전 10시쯤)

B 十点十分开的，行吗?

A 行。到＿＿＿＿＿＿＿＿＿? (베이징까지 얼마나 걸려요?)

B ＿＿＿＿＿＿＿＿＿。(5시간 정도)

3 제시된 단어를 배열하여 문장을 만드세요.

❶ 光 / 新书 / 卖 / 都 / 他的 / 了

➡ _____

❷ 小时 / 昨晚 / 左右 / 十个 / 睡了

➡ _____

❸ 让 / 你的 / 看 / 手 / 我 / 一下

➡ _____

❹ 有 / 的 / 青岛 / 火车票 / 去 / 吗

➡ _____

4 제시된 단어를 이용하여 문장을 중국어로 써 보세요.

❶ 그를 들어가게 하지 마세요. (让)

➡ _____

❷ 나는 주말을 이용해서 잘 쉬고 싶습니다. (趁着)

➡ _____

❸ 다음 주 주말 상하이에 가는 비행기표는 다 팔렸습니다. (光)

➡ _____

❹ 방학 때, 나는 일주일 정도 여행(旅行) 갈 계획입니다. (左右)

➡ _____

단어 手 shǒu 몡 손 | 青岛 Qīngdǎo 고유 칭다오, 청도

게임으로 즐기는 중국어 퍼즐

◆ 퍼즐에 숨겨진 표현을 찾은 후 뜻을 써 보세요. (*방향에 상관없이 연결할 수 있습니다.)

猜	越	互	踢	部	接	现
地	来	越	遍	别	相	场
那	还	队	感	兴	趣	直
合	用	客	恐	让	光	播
约	说	售	铁	聊	天	儿
行	字	票	员	水	平	式

중국어			뜻
1	越 来 越		점점, 더욱더, 갈수록
2			
3			
4			
5			
6			

▶ 정답 → 211쪽

START!

这儿可以刷卡吗?

이곳에서 카드를 사용할 수 있나요?

▶ **표현** 가능 표현 말하기
환전에 필요한 표현 익히기

▶ **어법** 可以 | 把자문 | 点

트레이닝 듣기
Track08과

Track08-01

迈克　请问，这儿可以^❶
　　　Qǐngwèn, zhèr kěyǐ

　　　刷卡吗?
　　　shuā kǎ ma?

售货员　我们这儿不能刷卡，
　　　Wǒmen zhèr bù néng shuā kǎ,

　　　只能用现金。
　　　zhǐ néng yòng xiànjīn.

迈克　我没有人民币，只有美元，怎么办?
　　　Wǒ méiyǒu rénmínbì, zhǐ yǒu měiyuán, zěnme bàn?

售货员　对面有一家中国银行。　您去那儿换钱吧。
　　　Duìmiàn yǒu yì jiā Zhōngguó Yínháng.　Nín qù nàr huàn qián ba.

(在中国银行)

迈克　您好，我想把^❷美元换成人民币。
　　　Nín hǎo, wǒ xiǎng bǎ měiyuán huànchéng rénmínbì.

职员　您换多少?
　　　Nín huàn duōshao?

迈克　两百美元。今天的汇率是多少?
　　　Liǎngbǎi měiyuán. Jīntiān de huìlǜ shì duōshao?

职员　1：6.50。请填一下这张表。
　　　Yī bǐ liù diǎn wǔ líng. Qǐng tián yíxià zhè zhāng biǎo.

　　　这是一千三百块。 请点^❸一下。
　　　Zhè shì yìqiān sānbǎi kuài.　Qǐng diǎn yíxià.

Track08-02

□□	可以	kěyǐ	조동 ~할 수 있다, ~해도 된다
□□	刷卡	shuā kǎ	동 카드를 긁다
□□	用	yòng	동 쓰다, 사용하다
□□	现金	xiànjīn	명 현금
□□	人民币	rénmínbì	명 런민비, 인민폐[중국 화폐]
□□	美元	měiyuán	명 달러[미국 화폐]
□□	怎么办	zěnme bàn	어떻게 합니까?
			* 办 bàn 동 (어떤 일을) 하다, 처리하다
□□	中国银行	Zhōngguó Yínháng	고유 중국은행
□□	换	huàn	동 바꾸다, 교환하다
□□	成	chéng	동 이루다, 완성되다, ~가 되다
□□	职员	zhíyuán	명 직원
□□	汇率	huìlǜ	명 환율
□□	填	tián	동 채우다, 기입하다
□□	表	biǎo	명 표
□□	千	qiān	수 1,000, 천
□□	点	diǎn	동 (돈이나 사람 수 등을) 세다 명 점, 소수점

플러스 / TIP

국가별 화폐

한국(원)	韩元 hányuán / 韩币 hánbì	일본(엔)	日元 rìyuán
유럽(유로)	欧元 ōuyuán	영국(파운드)	英镑 yīngbàng
프랑스(프랑)	法郎 fǎláng	러시아(루블)	卢布 lúbù

1 可以

조동사 可以는 '~할 수 있다', '~해도 된다'라는 뜻으로, 동사 앞에 놓여 가능, 능력, 허가의 의미를 나타냅니다. 부정형은 주로 不可以보다 不能을 많이 씁니다. 不可以를 쓰면 강한 금지의 의미를 나타냅니다.

A 这儿可以用美元吗?　여기서 달러를 사용할 수 있나요? [가능]
　Zhèr kěyǐ yòng měiyuán ma?

B 我们这儿不能用美元。여기서는 달러를 사용할 수 없어요.
　Wǒmen zhèr bù néng yòng měiyuán.

A 这儿可以抽烟吗?　여기서 담배를 피워도 되나요? [허가]
　Zhèr kěyǐ chōu yān ma?

B 这儿不能抽烟。　여기서는 담배를 피우면 안 돼요.
　Zhèr bù néng chōu yān.

TIP '~할 수 있다'를 나타내는 会, 能, 可以

❶ 会 : 배워서 할 수 있는 경우에 씁니다.

　예 我会打字。　　　　　나는 타자를 칠 수 있어요.
　　 Wǒ huì dǎ zì.

❷ 能 : 구체적인 능력을 말하는 경우에 씁니다.

　예 我一分钟能打三百个字。나는 1분에 300자를 칠 수 있어요.
　　 Wǒ yì fēnzhōng néng dǎ sānbǎi ge zì.

❸ 可以 : 어떤 가능성이나 능력을 나타냅니다.

　예 我可以跟中国人聊天儿。나는 중국인과 얘기할 수 있어요.
　　 Wǒ kěyǐ gēn Zhōngguórén liáo tiānr.

2 把자문

① 把자문은 어떤 특정한 목적어를 어떻게 처리했는지 그 동작의 결과를 강조하고자 할 때 자주 씁니다.

주어(행위 주체) + 把 + 목적어 + 동사 + 기타 성분

我把蛋糕吃了。나는 케이크를 먹었어요.
Wǒ bǎ dàngāo chī le.

② 동사 뒤에 오는 기타 성분으로는 了, 결과보어, 방향보어, 정도보어 등이 있습니다.

我把蛋糕吃得干干净净。　나는 케이크를 깨끗이 먹었어요. [기타 성분 → 정도보어]
Wǒ bǎ dàngāo chī de gānganjìngjìng.

③ 把자문에서 시간부사, 조동사, 부정부사는 반드시 把 앞에 써야 합니다.

我没把蛋糕吃完。　　　　나는 케이크를 다 먹지 않았어요.
Wǒ méi bǎ dàngāo chīwán.

TIP 把+목적어+동사+在/到/成

❶ 在 : ~에 정착하다, ~에 있다
　예 我把书包放在桌子上了。　　나는 책가방을 책상에 두었어요.
　　 Wǒ bǎ shūbāo fàngzài zhuōzi shang le.

❷ 到 : 시간이나 장소에 도달하다
　예 你把车停到那儿吧。　　당신은 차를 거기에 주차하세요.
　　 Nǐ bǎ chē tíngdào nàr ba.

❸ 成 : ~가 되다
　예 我想把旧电脑换成新的。　나는 헌 컴퓨터를 새 것으로 바꾸고 싶어요.
　　 Wǒ xiǎng bǎ jiù diànnǎo huànchéng xīn de.

　　 我想把美元换成人民币。　나는 달러를 런민비로 환전하고 싶어요.
　　 Wǒ xiǎng bǎ měiyuán huànchéng rénmínbì.

3 点

① (돈이나 사람 수 등을) 세다 : 请点一下人数。Qǐng diǎn yíxià rénshù. 인원수를 세어 보세요.

② 소수점 : 一比＊八点三五　yī bǐ bā diǎn sān wǔ 1 : 8.35
＊ 경기의 점수나 환율 등을 표시하는 ':'은 중국어로 比(bǐ)라고 읽습니다.

③ 시[시간의 단위] : 我六点起床。Wǒ liù diǎn qǐ chuáng. 나는 6시에 일어나요.

④ 주문하다 : 你来点菜吧。Nǐ lái diǎn cài ba. 당신이 주문하세요.

단어 抽烟 chōu yān 통 담배를 피우다 ｜ 放 fàng 통 놓다, 두다 ｜ 停 tíng 통 주차하다, 서다, 멈추다 ｜
旧 jiù 형 낡다, 오래되다 ｜ 人数 rénshù 명 인원수 ｜ 比 bǐ 통 두 개의 수를 서로 비교하다[~대~]

迈克很喜欢买东西，今天他去逛街的时候，看到一条
Màikè hěn xǐhuan mǎi dōngxi, jīntiān tā qù guàng jiē de shíhou, kàndào yì tiáo

牛仔裤很好看，特别想买。可是他结账的时候，发现没有
niúzǎikù hěn hǎokàn, tèbié xiǎng mǎi.　　Kěshì tā jié zhàng de shíhou, fāxiàn méiyǒu

人民币，只有美元。所以迈克打算刷卡，可是售货员告诉
rénmínbì, zhǐ yǒu měiyuán.　　Suǒyǐ Màikè dǎsuan shuā kǎ, kěshì shòuhuòyuán gàosu

他不能刷卡，只收现金。没办法，他只好去对面的中国
tā bù néng shuā kǎ, zhǐ shōu xiànjīn.　　Méi bànfǎ, tā zhǐhǎo qù duìmiàn de Zhōngguó

银行换钱了。
Yínháng huàn qián le.

哎哟❶，今天迈克又花钱了！
Āiyō, jīntiān Màikè yòu huā qián le!

1 본문의 내용에 근거하여 다음 질문에 중국어로 답하세요.

　❶ 迈克想买什么？　　　　　🎤 _____

　❷ 迈克结账的时候，怎么了？　🎤 _____

　❸ 迈克去哪儿换钱了？　　　　🎤 _____

2 녹음을 듣고 본문과 일치하면 ○, 일치하지 않으면 ×를 표시한 후,
녹음 내용을 빈칸에 쓰세요.

Track08-04

　❶ ☐　迈克_____买东西。

　❷ ☐　那家商店_____。

　❸ ☐　迈克结账的时候发现_____。

단어

Track08-05

☐☐ 逛街 guàng jiē 동 거리를 거닐다, 쇼핑하다
☐☐ 条 tiáo 양 가늘고 긴 것을 세는 단위
☐☐ 牛仔裤 niúzǎikù 명 청바지
☐☐ 结账 jié zhàng 동 계산하다, 회계를 하다
☐☐ 发现 fāxiàn 동 발견하다, 알아차리다

☐☐ 收 shōu 동 받다
☐☐ 办法 bànfǎ 명 방법
☐☐ 只好 zhǐhǎo 부 부득이, 할 수 없이
☐☐ 哎哟 āiyō 감탄 아야, 어머나, 아이고
☐☐ 花 huā 동 (돈이나 시간을) 쓰다

──• 플러스Tip •──
❶ 哎哟는 '아야', '어머나', '아이고'라는 뜻으로, 놀람, 고통, 안타까움 등을 나타내는 감탄사예요. 같
은 표현으로 哎呀(āiyā), 唉(ài)도 쓸 수 있어요.

STEP 1 녹음을 듣고 알맞은 답을 고르세요.

❶ 东民现在可能在哪儿?
Dōngmín xiànzài kěnéng zài nǎr?

   A 超市   B 银行   C 饭馆儿
    chāoshì   yínháng   fànguǎnr

❷ 今天的汇率是多少?
Jīntiān de huìlǜ shì duōshao?

   A 1：176   B 1：167   C 1：267

❸ 东民换了多少韩币?
Dōngmín huànle duōshao hánbì?

   A 一千   B 一万   C 十万
    yìqiān   yíwàn   shíwàn

东民　你好，＿＿＿＿＿＿＿＿＿＿。
　　　Nǐ hǎo,

职员　您要怎么换？
　　　Nín yào zěnme huàn?

东民　我想把韩币＿＿＿＿＿＿＿＿＿＿。今天的汇率是多少？
　　　Wǒ xiǎng bǎ hánbì　　　　　　　　Jīntiān de huìlǜ shì duōshao?

职员　＿＿＿＿＿＿＿。请填一下这张表。
　　　　　　　　　Qǐng tián yíxià zhè zhāng biǎo.

东民　这样填行吗？
　　　Zhèyàng tián xíng ma?

职员　行。
　　　Xíng.

东民　这是＿＿＿＿＿＿韩币。
　　　Zhè shì　　　　　hánbì.

职员　这是＿＿＿＿＿＿＿＿＿块人民币。
　　　Zhè shì　　　　　　　　kuài rénmínbì.

Track08-07

□□ 可能 kěnéng 뵘 아마도, 아마　　□□ 万 wàn 쥐 10,000, 만
□□ 韩币 hánbì 몡 한화[한국 화폐]　　□□ 这样 zhèyàng 댸 이러하다

1 다음을 읽은 후 해석하세요.

> 这几年人民币的汇率越来越高了。听说以前一万韩币能换八十块人民币，但是现在只能换五十多块。东民觉得现在留学生们的生活真没有以前容易。他决定以后不乱花钱了。
>
> 단어 乱 luàn 튀 함부로, 마구, 제멋대로

2 다음 제시된 단어를 사용하여 회화를 완성해 보세요.

❶ A ＿＿＿＿＿＿＿＿＿? (可以)

　 B 对不起，这儿不能刷卡。

❷ A 您要怎么换钱?

　 B ＿＿＿＿＿＿＿＿＿。(韩币 → 人民币)

❸ A ＿＿＿＿＿＿＿＿＿? (汇率)

　 B 今天的汇率是1：170。

3 제시된 단어를 배열하여 문장을 만드세요.

① 这儿 / 换 / 可以 / 钱 / 吗

➡ _____

② 奶奶 / 走 / 现在 / 不 / 还 / 能

➡ _____

③ 新的 / 我 / 成 / 把 / 换 / 想 / 沙发

➡ _____

④ 人数 / 我 / 一下 / 来 / 点

➡ _____

4 제시된 단어를 이용하여 문장을 중국어로 써 보세요.

① 이 옷은 입어 봐도(试穿) 되나요? (可以)

➡ _____

② 여권(护照)이 없으면 환전할 수 없습니다. (不能)

➡ _____

③ 당신은 나를 도와 인원수를 세어 줄 수 있어요? (点)

➡ _____

④ 나는 런민비를 엔화(日元)로 바꾸고 싶습니다. (把)

➡ _____

단어　试穿 shì chuān 입어 보다 ｜ 日元 rìyuán 명 엔화

중국의 중앙은행은 어느 은행일까?

중국은행(中国银行 Zhōngguó Yínháng)은 이름만 보면 중앙은행처럼 보이지만 우리나라의 국민은행, 신한은행과 같은 중국의 일반 상업은행이고, 중국의 중앙은행은 중국인민은행(中国人民银行 Zhōngguó Rénmín Yínháng)이에요. 중국의 4대 상업은행은 중국은행, 중국공상은행  (中国工商银行 Zhōngguó Gōngshāng Yínháng), 중국건설은행(中国建设银行 Zhōngguó Jiànshè Yínháng), 중국농업은행(中国农业银行 Zhōngguó Nóngyè Yínháng)이에요.

중국인민은행은 1948년 12월 1일에 허베이성(河北省 Héběi Shěng)에 설립되었다가, 1949년에 베이징으로 이전하였어요. 1949년부터 1978년 사이 중국의 유일한 은행이어서 중앙은행이자 상업은행의 기능을 모두 담당하였고, 1983년 중국 국무위원회에 의해 중국의 중앙은행으로 결정되었어요.

◆ **은행 관련 단어**

存折 cúnzhé 통장	**账户** zhànghù 계좌, 계정	**信用卡** xìnyòngkǎ 신용카드
存款 cún kuǎn 저금하다	**取款** qǔ kuǎn 인출하다	**汇款** huì kuǎn 송금하다
转账 zhuǎn zhàng 계좌 이체하다	**贷款** dài kuǎn 대출하다	**自动取款机** zìdòng qǔkuǎnjī 현금자동입출금기, ATM

START!

9과

抽烟对身体不好。

담배를 피우는 것은 건강에 좋지 않아요.

- ▶ **표현** 가정 표현 익히기
  책망 관련 표현 익히기
- ▶ **어법** 又와 再 | 要是…就… |
  복합방향보어

트레이닝 듣기

Track09과

핵심 패턴

25 你又抽烟了?　　　　　　　당신 또 담배를 피웠군요?

26 要是你把烟戒了，我就不说了。
만일 당신이 담배를 끊는다면, 나는 더 이상 말하지 않을 거예요.

27 我们昨天买回来的蛋糕呢?　　　우리가 어제 사 온 케이크는요?

Track09-01

小英　你又^❶抽烟了？
　　　Nǐ yòu chōu yān le?

　　　我真讨厌烟味儿。
　　　Wǒ zhēn tǎoyàn yān wèir.

东民　真不好意思！
　　　Zhēn bù hǎoyìsi!

小英　抽烟对身体不好，
　　　Chōu yān duì shēntǐ bù hǎo,

　　　你少抽点儿吧！
　　　nǐ shǎo chōu diǎnr ba!

东民　哎呀，又来了。你已经说了八百遍了。
　　　Āiyā, yòu lái le.　　Nǐ yǐjīng shuōle bābǎi biàn le.

小英　要是你把烟戒了，我就^❷不说了。
　　　Yàoshi nǐ bǎ yān jiè le, wǒ jiù bù shuō le.

　　　对了，我们昨天买回来^❸的蛋糕呢？
　　　Duì le, wǒmen zuótiān mǎi huílai de dàngāo ne?

东民　我已经把它吃完了。
　　　Wǒ yǐjīng bǎ tā chīwán le.

小英　什么？你一个人都吃光了？
　　　Shénme?　Nǐ yí ge rén dōu chīguāng le?

□□ 又　　　　　　yòu　　　　　图 또, 다시

□□ 抽烟　　　　　chōu yān　　　图 담배를 피우다

　　　　　　　　　　　　　　* 抽 chōu 图 빨다, 뽑다 ｜ 烟 yān 图 담배 ｜
　　　　　　　　　　　　　　图 吸烟 xī yān 图 흡연하다

□□ 讨厌　　　　　tǎoyàn　　　图 싫어하다, 미워하다　图 혐오스럽다

□□ 味儿　　　　　wèir　　　　图 맛, 냄새

□□ 哎呀　　　　　āiyā　　　　감탄 아이고, 이런[불만, 원망, 놀라움 등을 나타냄]

□□ 要是　　　　　yàoshi　　　접 만약 ～라면

　　　　　　　　　　　　　　* 图 如果 rúguǒ 접 만약 ～라면

□□ 戒　　　　　　jiè　　　　　图 끊다, 중단하다

□□ 对了　　　　　duì le　　　참[잊고 있었던 것이 문득 생각날 때]

□□ 蛋糕　　　　　dàngāo　　图 케이크

플러스 TIP

少＋동사＋(一)点儿＋명사

少는 「少＋동사＋(一)点儿＋명사」의 형식으로 쓰여 '적게 ～하다'라는 의미를 나타냅니다. '많이 ～하다'
의 의미를 나타낼 때는 多를 씁니다.

예 你少吃点儿饭。 당신은 밥을 좀 적게 먹어요.
　　Nǐ shǎo chī diǎnr fàn.

　　你多喝点儿水。 당신은 물을 좀 많이 마셔요.
　　Nǐ duō hē diǎnr shuǐ.

1 又와 再

又는 예전에 했던 동작이 또 반복되었음을 나타내고, 再는 예전에 했던 동작을 다시 반복할 예정임을 나타냅니다.

他昨天没来上课，今天又没来。 그는 어제 수업에 오지 않았는데, 오늘 또 안 왔어요.
Tā zuótiān méi lái shàng kè, jīntiān yòu méi lái.

他现在不在，你明天再来吧。 그는 지금 없으니, 당신은 내일 다시 오세요.
Tā xiànzài bú zài, nǐ míngtiān zài lái ba.

> ♦ 다음 빈칸에 又 또는 再를 넣어 문장을 완성하세요.
>
> 확인체크
>
> ❶ 欢迎下次_____来。
>
> ❷ 他今天_____加班了，回来晚了。
>
> ❸ 你怎么_____熬夜了？以后别_____熬夜了。

2 要是…就…

要是는 '만일 ~라면'이라는 의미로 가정문을 만드는 접속사입니다. 뒤에는 보통 就를 함께 쓰고, 要是 대신 如果로 쓸 수 있습니다.

要是有什么困难，就告诉我。 만약 무슨 어려움이 있으면 나에게 알려 주세요.
Yàoshi yǒu shénme kùnnan, jiù gàosu wǒ.

要是我的汉语能说得那么流利就好了。
Yàoshi wǒ de Hànyǔ néng shuō de nàme liúlì jiù hǎo le.

만약 내가 중국어를 그렇게 유창하게 말할 수 있으면 좋겠어요.

3 복합방향보어

동사의 바로 뒤에 위치하여 동작의 진행 방향을 나타내는 방향보어는 단순방향보어와 복합방향보어로 나뉩니다. 단순방향보어는 1그룹 '来, 去'와 2그룹 '上, 下, 进, 出, 回, 过, 起'로 나눌 수 있는데, 1그룹과 2그룹을 결합하여 사용하는 것을 복합방향보어라고 합니다.

	上 shàng 오르다	下 xià 내려가다	进 jìn 들다	出 chū 나가(오)다	回 huí 되돌아가(오)다	过 guò 건너다	起 qǐ 일어나다
来 lái 오다	上来 shànglai 올라오다	下来 xiàlai 내려오다	进来 jìnlai 들어오다	出来 chūlai 나오다	回来 huílai 돌아오다	过来 guòlai 건너오다	起来 qǐlai 일어나다
去 qù 가다	上去 shàngqu 올라가다	下去 xiàqu 내려가다	进去 jìnqu 들어가다	出去 chūqu 나가다	回去 huíqu 돌아가다	过去 guòqu 건너가다	×

请把垃圾捡起来。　　　　　　쓰레기를 주우세요.
Qǐng bǎ lājī jiǎn qǐlai.

一下课，他就从教室跑出来了。　수업이 끝나자마자 그는 교실에서 뛰어 나왔어요.
Yí xià kè, tā jiù cóng jiàoshì pǎo chūlai le.

这个送给你，你拿回去吧。　　　이거 당신에게 선물해 줄게요. 가지고 돌아가세요.
Zhège sònggěi nǐ, nǐ ná huíqu ba.

확인체크

♦ 다음 빈칸에 들어갈 알맞은 방향보어를 고르세요.

❶ 从对面走_____一个人。(过来 / 起来)

❷ 要是你下楼，就把垃圾拿_____吧。(回去 / 下去)

❸ 他从国外买_____了很多好吃的。(出来 / 回来)

단어　下次 xiàcì 다음 번 ┃ 加班 jiā bān 图 초과 근무를 하다, 특근하다 ┃ 困难 kùnnan 명 어려움 ┃
垃圾 lājī 명 쓰레기 ┃ 捡 jiǎn 图 줍다 ┃ 国外 guówài 명 국외, 외국

东民在中国交了一个女朋友，名字叫小英。他们俩
Dōngmín zài Zhōngguó jiāole yí ge nǚpéngyou, míngzi jiào Xiǎoyīng. Tāmen liǎ

互相帮助，关系特别好。
hùxiāng bāngzhù, guānxi tèbié hǎo.

小英觉得东民又帅又聪明，性格也很好。但是他有个
Xiǎoyīng juéde Dōngmín yòu shuài yòu cōngming, xìnggé yě hěn hǎo. Dànshì tā yǒu ge

坏习惯，就是爱抽烟。小英很讨厌烟味儿，她一闻烟味儿
huài xíguàn, jiù shì ài chōu yān.　　Xiǎoyīng hěn tǎoyàn yān wèir, tā yì wén yān wèir

就头疼。所以他们俩经常因为抽烟吵架。
jiù tóu téng.　　Suǒyǐ tāmen liǎ jīngcháng yīnwèi chōu yān chǎo jià.

东民以前戒过烟，但是都没成功。小英心想要是东民
Dōngmín yǐqián jièguo yān, dànshì dōu méi chénggōng. Xiǎoyīng xīnxiǎng yàoshi Dōngmín

能把烟戒了，那多好啊！
néng bǎ yān jiè le, nà duō hǎo a!

1 본문의 내용에 근거하여 다음 질문에 중국어로 답하세요.

❶ 小英觉得东民怎么样?

🎤 _____

❷ 东民有什么坏习惯?

🎤 _____

❸ 小英希望东民怎么做?

🎤 _____

2 녹음을 듣고 본문과 일치하면 ○, 일치하지 않으면 ×를 표시한 후,
녹음 내용을 빈칸에 쓰세요.

Track09-04

❶ ☐ 小英觉得东民不但_____, 而且_____。

❷ ☐ 小英一_____就_____。

❸ ☐ 东民以前_____, 但是_____。

단어 🐻🐰

Track09-05

☐☐ 交 jiāo 图 사귀다, 교제하다

☐☐ 俩 liǎ 형 두 개, 두 사람

☐☐ 关系 guānxi 명 관계

☐☐ 帅 shuài 형 멋있다, 잘생기다

☐☐ 聪明 cōngming 형 똑똑하다, 총명하다

☐☐ 性格 xìnggé 명 성격

☐☐ 坏 huài 형 나쁘다

☐☐ 爱 ài 图 ~하기를 좋아하다, 즐겨 하다

☐☐ 闻 wén 图 냄새를 맡다

☐☐ 经常 jīngcháng 부 자주, 항상

☐☐ 吵架 chǎo jià 图 다투다, 말다툼하다

☐☐ 成功 chénggōng 图 성공하다

☐☐ 心想 xīnxiǎng 图 마음속으로 생각하다

STEP 1 녹음을 듣고 다음 질문에 답하세요.

❶ 最近天气怎么样?
Zuìjìn tiānqì zěnmeyàng?

➡ _____

❷ 东民想吃什么?
Dōngmín xiǎng chī shénme?

➡ _____

❸ 小英为什么说不吃?
Xiǎoyīng wèishénme shuō bù chī?

➡ _____

❹ 小英最近怎么了?
Xiǎoyīng zuìjìn zěnme le?

➡ _____

东民　　最近天气＿＿＿＿＿＿＿＿＿＿。小英，今天多少度？
　　　　Zuìjìn tiānqì　　　　　　　　　　Xiǎoyīng, jīntiān duōshao dù?

小英　　＿＿＿＿＿＿＿＿＿。

东民　　我们吃冰激凌吧，我＿＿＿＿＿＿＿＿＿冰激凌。
　　　　Wǒmen chī bīngjīlíng ba, wǒ　　　　　　　bīngjīlíng.

小英　　你又吃冰激凌？我要减肥，不吃。
　　　　Nǐ yòu chī bīngjīlíng?　Wǒ yào jiǎn féi, bù chī.

东民　　你哪儿胖啊？而且减肥＿＿＿＿＿＿＿＿＿。
　　　　Nǐ nǎr pàng a?　Érqiě jiǎn féi

小英　　我最近＿＿＿＿＿＿。东民，你一点儿也不关心我。
　　　　Wǒ zuìjìn　　　　　　Dōngmín, nǐ yìdiǎnr yě bù guānxīn wǒ.

东民　　要是你真不吃，我就＿＿＿＿＿＿＿。
　　　　Yàoshi nǐ zhēn bù chī, wǒ jiù

Track09-07

□□ 度 dù 양 도[온도, 농도 등을 재는 단위]　　□□ 胖 pàng 형 뚱뚱하다

□□ 冰激凌 bīngjīlíng 명 아이스크림　　□□ 关心 guānxīn 명 관심 동 관심을 갖다

□□ 减肥 jiǎn féi 동 다이어트를 하다

1 다음을 읽은 후 해석하세요.

> 安娜在中国交了一个男朋友，他又聪明又体贴。但是她的男朋友有一个坏习惯，就是常常迟到。每次约会的时候，安娜总是要等很长时间。安娜想，要是他再迟到，就跟他分手。
>
> **단어** 体贴 tǐtiē 图 자상하다 | 迟到 chídào 图 지각하다, 늦게 오다 |
> 总是 zǒngshì 뮈 늘, 항상 | 分手 fēn shǒu 图 헤어지다

2 다음 문장에 이어지는 내용을 고르세요.

❶ 要是你能请我吃饭。　　　　　　A 对身体多不好啊!

❷ 我们俩是大学同学。　　　　　　B 怎么又来了?

❸ 你少抽点儿烟吧。　　　　　　　C 我就太谢谢你了!

❹ 他昨天来过了。　　　　　　　　D 关系很不错。

3 제시된 단어를 배열하여 문장을 만드세요.

① 我 / 一个人 / 喝 / 都 / 光 / 了

➡ _____

② 他 / 来 / 没 / 又 / 上课

➡ _____

③ 我 / 回去 / 把 / 书 / 得 / 还

➡ _____

④ 要是 / 好 / 就 / 放假 / 了

➡ _____

4 제시된 단어를 이용하여 문장을 중국어로 써 보세요.

① 여러분은 내일 숙제를 가져오세요. (把)

➡ _____

② 술 마시는 것은 건강에 좋지 않습니다. (对)

➡ _____

③ 그는 어제 나를 보러 왔는데, 오늘 또 왔습니다. (又)

➡ _____

④ 나는 차를 한 잔 더 마시고 싶습니다. (再)

➡ _____

그림으로 배우는 **단어** 금지 표시판

禁止吸烟
jìnzhǐ xī yān

흡연 금지

禁止饮食
jìnzhǐ yǐn shí

음식물 섭취 금지

禁止饮酒
jìnzhǐ yǐn jiǔ

음주 금지

禁止拍照
jìnzhǐ pāi zhào

촬영 금지

禁止使用手机
jìnzhǐ shǐyòng shǒujī

핸드폰 사용 금지

禁止使用电脑
jìnzhǐ shǐyòng diànnǎo

컴퓨터 사용 금지

禁止停车
jìnzhǐ tíng chē

주차 금지

禁止钓鱼
jìnzhǐ diào yú

낚시 금지

禁止带宠物
jìnzhǐ dài chǒngwù

반려동물 동반 금지

START!

10과

你还是打车去吧。

당신은 택시를 타고 가는 게 좋겠어요.

▶ **표현** 길 묻고 답하기
교통수단과 관련된 표현 익히기

▶ **어법** A是A, 不过… | 得(děi) |
难+동사 | 还是

트레이닝 듣기

Track10과

핵심 패턴

28 可以是可以, **不过**坐地铁**得**换车。
되기는 되지만, 지하철을 타면 차를 갈아타야 해요.

29 坐在里边儿特别**难受**。
안에 타고 있으면 너무 괴로워요.

30 那没办法, 你**还是**打车去吧。
그럼 방법이 없군요. 당신은 택시를 타고 가는 게 좋겠어요.

东民　去王府井饭店怎么走？
Qù Wángfǔjǐng Fàndiàn zěnme zǒu?

龙龙　一直往前走，
Yìzhí wǎng qián zǒu,

大概走二十分钟就到了。
dàgài zǒu èrshí fēnzhōng jiù dào le.

东民　太远了，
Tài yuǎn le,

可以坐地铁去吗？
kěyǐ zuò dìtiě qù ma?

龙龙　可以是可以，不过❶坐地铁得❷换车。
Kěyǐ shì kěyǐ, búguò zuò dìtiě děi huàn chē.

东民　要换车？太麻烦了！
Yào huàn chē? Tài máfan le!

龙龙　那你坐公交车去吧。
Nà nǐ zuò gōngjiāochē qù ba.

东民　公交车又挤又闷，坐在里边儿特别难受❸。
Gōngjiāochē yòu jǐ yòu mēn, zuòzài lǐbianr tèbié nánshòu.

龙龙　那没办法，你还是❹打车去吧。
Nà méi bànfǎ, nǐ háishi dǎ chē qù ba.

☐☐	王府井饭店	Wángfǔjǐng Fàndiàn	고유 왕푸징호텔
☐☐	大概	dàgài	부 대략
☐☐	地铁	dìtiě	명 지하철
☐☐	得	děi	조동 ~해야 한다[구어체]
☐☐	公交车	gōngjiāochē	명 버스

* 동의 公共汽车 gōnggòng qìchē 명 버스

☐☐	挤	jǐ	동 꽉 차다, 붐비다
☐☐	闷	mēn	형 답답하다, 갑갑하다
☐☐	难受	nánshòu	형 괴롭다, 참을 수 없다, 견딜 수 없다

* 반의 好受 hǎoshòu 형 기분이 좋다, 편안하다

☐☐	还是	háishi	부 ~하는 편이 좋다
☐☐	打车	dǎ chē	동 택시를 타다, 택시를 잡다

* 동의 打的 dǎ dī 동 택시를 타다, 택시를 잡다
出租车 chūzūchē 명 택시

 TIP

교통 관련 단어

- 掉头 diào tóu 유턴하다
- 停车 tíng chē 차를 세우다
- 上车 shàng chē 차에 타다
- 下车 xià chē 차에서 내리다
- 上一站 shàng yí zhàn 이전 정류장(역)
- 下一站 xià yí zhàn 다음 정류장(역)
- 首班车 shǒubānchē 첫차
- 末班车 mòbānchē 막차

1 A是A，不过…

'A하기는 A한데, ~하다'라는 의미로, 먼저 어떤 사실을 인정하거나 긍정한 후, 뒤에 다른 의견을 제시할 때 씁니다. 不过 대신에 可是, 但是를 쓸 수 있습니다.

想买是想买，不过我没有钱。   사고 싶기는 사고 싶은데, 나는 돈이 없어요.
Xiǎng mǎi shì xiǎng mǎi, búguò wǒ méiyǒu qián.

中国菜好吃是好吃，但是油太多。 중국요리는 맛있기는 맛있는데, 기름이 너무 많아요.
Zhōngguó cài hǎochī shì hǎochī, dànshì yóu tài duō.

> ♦ 다음 문장을 **보기** 와 같이 A是A, 不过…로 바꾸어 보세요.
>
> **보기** 我想踢球。我的腿受伤了。→ 我想踢球是想踢球，不过我的腿受伤了。
>
> ❶ 这部电影有意思。对话太快了。
>
> ➡ _____
>
> ❷ 韩国辛奇好吃。韩国辛奇太辣了。
>
> ➡ _____

확인체크

2 得(děi)

조동사 得는 동사 앞에 놓여 '(필요에 의해) ~해야 한다'라는 의미를 나타냅니다. 이때 得는 'děi'라고 읽습니다.

我们得商量商量。   우리는 상의를 좀 해야 해요.
Wǒmen děi shāngliang shāngliang.

时间不早了，我得回家了。 시간이 늦어서 나는 집으로 돌아가야 해요.
Shíjiān bù zǎo le, wǒ děi huí jiā le.

단어 油 yóu 圆 기름 | 腿 tuǐ 圆 다리[신체] | 受伤 shòu shāng 튐 다치다 | 商量 shāngliang 튐 상의하다 | 国内 guónèi 圆 국내 | 读 dú 튐 읽다, 학교에 가다 | 研究生 yánjiūshēng 圆 대학원생 | 年轻 niánqīng 圆 젊다

3 难+동사

难은 원래 '어렵다', '곤란하다'라는 뜻의 형용사지만, 일부 동사는 「难+동사」 형태로 쓰이면 '~하기 어렵다', '좋지 않다'라는 의미를 나타냅니다.

他来不来很难说。　　그가 올지 안 올지는 말하기 어려워요.
Tā lái bu lái hěn nánshuō.

听说中国菜很难做。　듣자 하니 중국요리는 만들기 어렵다고 해요.
Tīng shuō Zhōngguó cài hěn nánzuò.

4 还是

还是는 다음과 같이 여러 가지 의미로 쓰입니다.

① ~하는 편이 좋다 : 보통 문장 뒤에 吧를 같이 씁니다.

还是我来写吧。　　　　　내가 쓰는 편이 좋겠어요.
Háishi wǒ lái xiě ba.

咱们还是在国内旅行吧。　우리는 국내에서 여행하는 편이 좋겠어요.
Zánmen háishi zài guónèi lǚxíng ba.

② 아니면[선택의문문]

你找工作还是读研究生?　당신은 일을 찾아요, 아니면 대학원에 다녀요?
Nǐ zhǎo gōngzuò háishi dú yánjiūshēng?

③ 여전히

王老师还是那么年轻。　　왕 선생님은 여전히 그렇게 젊으세요.
Wáng lǎoshī háishi nàme niánqīng.

확인체크	◆ 다음 문장에 쓰인 还是의 뜻을 써 보세요.
	❶ 我还是想见见他。　　　(　　　　　　　)
	❷ 你还是吃完早饭再走吧。(　　　　　　　)
	❸ 首尔冷还是上海冷?　　(　　　　　　　)

Track10-03

今天东民在王府井饭店有一个聚会。这是他第一次去
Jīntiān Dōngmín zài Wángfǔjǐng Fàndiàn yǒu yí ge jùhuì.　Zhè shì tā dì-yī cì qù

那儿，不知道怎么走，所以向龙龙打听❶了一下。龙龙告诉
nàr, bù zhīdào zěnme zǒu, suǒyǐ xiàng Lónglong dǎtingle yíxià.　　Lónglong gàosu

他可以坐公交车、地铁或者❷走路去。
tā kěyǐ zuò gōngjiāochē、dìtiě huòzhě zǒu lù qù.

　　东民觉得走路去太远了；坐地铁得换车，很麻烦；
　　Dōngmín juéde zǒu lù qù tài yuǎn le;　zuò dìtiě děi huàn chē, hěn máfan;

坐公交车又挤又闷，很难受。没办法，最后东民只好打
zuò gōngjiāochē yòu jǐ yòu mēn, hěn nánshòu.　Méi bànfǎ, zuìhòu Dōngmín zhǐhǎo dǎ

车去了。
chē qù le.

1 본문의 내용에 근거하여 다음 질문에 중국어로 답하세요.

❶ 东民为什么要去王府井饭店？ 🎤 _____

❷ 可以怎么去王府井饭店？ 🎤 _____

❸ 东民为什么不坐公交车去？ 🎤 _____

2 녹음을 듣고 본문과 일치하면 ○, 일치하지 않으면 ✕를 표시한 후, 녹음 내용을 빈칸에 쓰세요.

Track10-04

❶ ☐ 东民_____王府井饭店。

❷ ☐ 东民_____怎么去王府井饭店。

❸ ☐ _____，东民觉得很麻烦。

Track10-05

☐☐ 聚会 jùhuì 몡 모임, 회합

☐☐ 第一次 dì-yī cì 몡 제1차, 최초, 처음

☐☐ 向 xiàng 깨 ~로, ~를 향하여[방향], ~에게[동작의 대상]

☐☐ 打听 dǎting 통 (소식이나 정보를) 물어보다, 알아보다

☐☐ 或者 huòzhě 젭 ~든지, ~거나

☐☐ 走路 zǒu lù 통 걷다, 길을 가다

━━● 플러스Tip ●━━

❶ 打听은 보통 「向…打听」 형식으로 쓰여 '~에게 물어보다'라는 의미를 나타냅니다.

❷ 或者는 '또는', '~거나'의 뜻으로 선택을 나타내지만, 평서문에서만 쓸 수 있고 의문문에는 还是를 써야 해요.

STEP 1 녹음을 듣고 알맞은 답을 고르세요.

❶ 去国家图书馆坐几路车?
Qù Guójiā Túshūguǎn zuò jǐ lù chē?

A 203路
èr líng sān lù

B 320路
sān èr líng lù

C 302路
sān líng èr lù

❷ 从这儿到国家图书馆要坐几站?
Cóng zhèr dào Guójiā Túshūguǎn yào zuò jǐ zhàn?

A 一站
yí zhàn

B 三站
sān zhàn

C 四站
sì zhàn

❸ 走到车站要多长时间?
Zǒudào chēzhàn yào duō cháng shíjiān?

A 五分钟
wǔ fēnzhōng

B 十分钟
shí fēnzhōng

C 三十分钟
sānshí fēnzhōng

东民　请问，去国家图书馆怎么走？
　　　Qǐngwèn, qù Guójiā Túshūguǎn zěnme zǒu?

行人　你先坐＿＿＿＿＿＿＿路公交车，坐＿＿＿＿＿＿＿就到了。
　　　Nǐ xiān zuò　　　　　lù gōngjiāochē,　zuò　　　　　jiù dào le.

东民　车站＿＿＿＿＿＿＿＿＿＿＿＿？
　　　Chēzhàn

行人　不远，＿＿＿＿＿＿＿＿就到了。
　　　Bù yuǎn,　　　　　jiù dào le.

东民　不好意思，到车站怎么走？
　　　Bù hǎoyìsi, dào chēzhàn zěnme zǒu?

行人　你先过马路，然后一直＿＿＿＿＿，到新华书店＿＿＿＿＿。
　　　Nǐ xiān guò mǎlù, ránhòu yìzhí　　　　　dào Xīnhuá Shūdiàn

东民　谢谢。
　　　Xièxie.

行人　不客气。
　　　Bú kèqi.

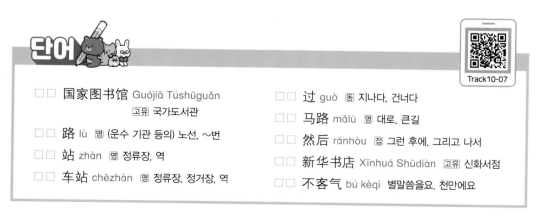

Track10-07

□□ 国家图书馆 Guójiā Túshūguǎn
　　　고유 국가도서관
□□ 路 lù 명 (운수 기관 등의) 노선, ~번
□□ 站 zhàn 명 정류장, 역
□□ 车站 chēzhàn 명 정류장, 정거장, 역

□□ 过 guò 동 지나다, 건너다
□□ 马路 mǎlù 명 대로, 큰길
□□ 然后 ránhòu 접 그런 후에, 그리고 나서
□□ 新华书店 Xīnhuá Shūdiàn 고유 신화서점
□□ 不客气 bú kèqi 별말씀을요, 천만에요

1 다음을 읽은 후 해석하세요.

> 东民认识了一个法国朋友，他在清华大学学汉语。今天东民去清华大学玩儿，可是他不认识路。东民只好给龙龙打电话，问他怎么去清华大学。龙龙告诉东民，清华大学离北大不太远，打车去又快又方便。
>
> 단어 路 lù 몡 길, 도로

2 다음 문장에 알맞은 대답을 고르세요.

❶ 去车站怎么走?   A 五站就到了。

❷ 走路去多长时间?   B 那你还是打车去吧。

❸ 要坐几站?   C 一直往前走。

❹ 坐地铁太麻烦了。   D 大概十分钟。

3 제시된 단어를 배열하여 문장을 만드세요.

① 好看 / 好看 / 太 / 是 / 不过 / 了 / 贵

➡ _____

② 十分钟 / 走 / 到 / 就 / 大概 / 了

➡ _____

③ 那儿 / 去 / 火车票 / 的 / 很 / 难买

➡ _____

④ 还是 / 好好儿 / 你 / 休息 / 吧

➡ _____

4 제시된 단어를 이용하여 문장을 중국어로 써 보세요.

① 베이징의 지하철(地铁)은 편리하기는 편리한데, 사람이 너무 많습니다. (…是…, 不过)

➡ _____

② 내 여자 친구는 예쁘기는 예쁜데(好看), 키가 너무 커요. (…是…, 但是)

➡ _____

③ 여름 방학 때 나는 귀국(回国)해야 합니다. (得)

➡ _____

④ 이 식당(饭馆儿)의 요리는 비싸기도 하고 맛도 없습니다. (难吃)

➡ _____

단어 回国 huí guó 동 귀국하다

Track10-09

十字路口
shízì lùkǒu

사거리

丁字路口
dīngzì lùkǒu

삼거리

环岛
huándǎo

로터리

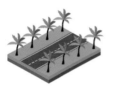

马路
mǎlù

대로, 큰길

铁路
tiělù

철도

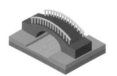

桥
qiáo

다리, 교량

人行横道
rénxíng héngdào

횡단보도

红绿灯
hónglùdēng

신호등

路灯
lùdēng

가로등

START!

11과

自行车被小偷儿偷走了。

도둑에게 자전거를 도둑맞았어요.

▶ **표현** 피동 표현 익히기
　　　　감정의 정도와 관련된 표현 익히기

▶ **어법** 透 | 好 | 被자문

트레이닝 듣기

Track11과

31 我今天倒霉透了。　　　　　　　　　　나는 오늘 정말 재수가 없어요.

32 我最近遇到好几件倒霉事儿了。
나는 요즘 재수 없는 일을 여러 번 당했어요.

33 自行车被小偷儿偷走了。　　　　　도둑에게 자전거를 도둑맞았어요.

东民　你的脸色怎么这么难看？
Nǐ de liǎnsè zěnme zhème nánkàn?

安娜　别提了，
Bié tí le,

我今天倒霉透❶了。
wǒ jīntiān dǎoméi tòu le.

东民　怎么了？
Zěnme le?

安娜　我的钱包不小心丢了。
Wǒ de qiánbāo bù xiǎoxīn diū le.

我最近遇到好❷几件倒霉事儿了。
Wǒ zuìjìn yùdào hǎo jǐ jiàn dǎoméi shìr le.

东民　还有什么倒霉事儿？
Hái yǒu shénme dǎoméi shìr?

安娜　我刚买了一辆自行车，就被❸小偷儿偷走了。
Wǒ gāng mǎile yí liàng zìxíngchē, jiù bèi xiǎotōur tōuzǒu le.

东民　你最近运气真不好啊！
Nǐ zuìjìn yùnqi zhēn bù hǎo a!

□□	脸色	liǎnsè	명 얼굴색, 안색
			* 脸 liǎn 명 얼굴 ┃ 色 sè 명 색 ┃ 颜色 yánsè 명 색상, 색깔
□□	提	tí	동 (말을) 꺼내다, 언급하다
□□	倒霉	dǎoméi	형 재수 없다, 운수 사납다
□□	透	tòu	형 충분하다, 대단하다
□	小心	xiǎoxīn	동 조심하다, 주의하다
□□	丢	diū	동 잃어버리다, 버리다
□□	遇到	yùdào	동 (우연히) 마주치다, 만나다
□□	好	hǎo	부 수량사 앞에 쓰여 수량이 많음을 강조함
□□	辆	liàng	양 대[차량을 세는 단위]
□□	被	bèi	개 ~에 의해 ~를 당하다
□□	小偷(儿)	xiǎotōu(r)	명 도둑, 좀도둑
□□	偷	tōu	동 훔치다

別提了!

別是 '~하지 마라'라는 뜻으로, 別提는 상대방에게 더 이상 언급하지 말라고 제지하는 의미를 나타내요. 뒤에는 항상 了가 함께 쓰여요.

예 A 你考试考得怎么样?   너는 시험을 잘 봤어?
      Nǐ kǎo shì kǎo de zěnmeyàng?

   B 别提了，很多问题都不会做。 말도 마, 못 푸는 문제가 많았어.
      Bié tí le, hěn duō wèntí dōu bú huì zuò.

1 透

透는 '너무 ~하다'라는 의미로, 형용사와 일부 동사의 보어로 쓰여 정도나 상태가 지나침을 나타냅니다.

最近跟女朋友分手了，伤心透了。　최근에 여자 친구와 헤어져서 너무 슬퍼요.
Zuìjìn gēn nǚpéngyou fēn shǒu le, shāngxīn tòu le.

秋天到了，苹果都熟透了。　가을이 되어, 사과가 모두 무르익었어요.
Qiūtiān dào le, píngguǒ dōu shú tòu le.

2 好

好는 형용사로 '좋다'라는 뜻 외에 다음과 같은 의미로도 쓰입니다.

① 好 + 동사 : ~하기 좋다

上海很好玩儿。　상하이는 아주 놀기 좋아요.
Shànghǎi hěn hǎowánr.

② 동사 + 好 : 잘 마무리되다[결과보어]

大家准备好了吗?　여러분 준비 다 됐나요?
Dàjiā zhǔnbèi hǎo le ma?

③ 수량사나 시간사 앞에 쓰여 수량이 많거나 시간이 오래됨을 나타냅니다.

咱们好几年没见了。　우리는 여러 해 동안 만나지 못했어요.
Zánmen hǎo jǐ nián méi jiàn le.

④ 형용사나 동사 앞에 쓰여 정도가 심함을 나타냅니다.

好香啊! 我好喜欢这个味道!　매우 향기로워요! 나는 이 냄새를 매우 좋아해요.
Hǎo xiāng a! Wǒ hǎo xǐhuan zhège wèidao!

> 확인체크　♦ 다음 好의 쓰임에 유의해서 문장을 해석해 보세요.
>
> ❶ 我们点了好几个菜。　➡ _____
>
> ❷ 我好想去你的故乡看看。　➡ _____

3 被자문

① 被자문은 '~에 의해 ~를 당해서 어떤 결과가 나왔다'라는 피동의 의미를 나타냅니다. 被 대신에 让(ràng), 叫(jiào)를 쓸 수 있습니다.

주어(피해자) + 被 + 목적어(가해자) + 동사 + 기타 성분(了, 보어 등)

牛奶被妹妹喝光了。 우유는 여동생이 다 마셨어요. [기타 성분 → 결과보어]
Niúnǎi bèi mèimei hēguāng le.

我被一辆车撞了。 나는 차 한 대에 치였어요. [기타 성분 → 了]
Wǒ bèi yí liàng chē zhuàng le.

② 가해자가 누구인지 분명치 않거나 밝힐 수 없을 때는 人으로 대체하거나 가해자를 생략할 수 있습니다.

那本书被人借走了。 그 책은 누가 빌려 갔어요.
Nà běn shū bèi rén jièzǒu le.

我的钱包被偷走了。 내 지갑을 도둑맞았어요.
Wǒ de qiánbāo bèi tōuzǒu le.

③ 부정부사, 조동사, 시간부사는 모두 被 앞에 씁니다.

你的电脑已经被我放在桌子上了。 당신의 컴퓨터는 내가 이미 책상에 두었어요.
Nǐ de diànnǎo yǐjīng bèi wǒ fàngzài zhuōzi shang le.

我没被爸爸打。 나는 아버지에게 맞지 않았어요.
Wǒ méi bèi bàba dǎ.

확인체크

♦ 다음 把자문을 被자문으로 바꾸세요.

❶ 我把咖啡喝了。 ➡ _____

❷ 你的同学把椅子拿走了。 ➡ _____

단어 伤心 shāngxīn 형 상심하다, 슬프다 | 熟 shú 동 (과일, 곡식 등이) 익다, 여물다 |
香 xiāng 형 향기롭다 | 撞 zhuàng 동 부딪치다 | 打 dǎ 동 때리다, 치다

东民在图书馆遇到了安娜。安娜的脸色很不好，好像
Dōngmín zài túshūguǎn yùdàole Ānnà. Ānnà de liǎnsè hěn bù hǎo, hǎoxiàng

出了什么事儿。安娜说自己最近倒霉透了。今天上午她逛
chūle shénme shìr. Ānnà shuō zìjǐ zuìjìn dǎoméi tòu le. Jīntiān shàngwǔ tā guàng

商店的时候，钱包不小心丢了。而且昨天她在饭馆儿吃饭
shāngdiàn de shíhou, qiánbāo bù xiǎoxīn diū le. Érqiě zuótiān tā zài fànguǎnr chī fàn

的时候，新买的自行车不见了，被小偷儿偷了。
de shíhou, xīn mǎi de zìxíngchē bújiàn le, bèi xiǎotōur tōu le.

东民心想真是"祸不单行"啊！
Dōngmín xīnxiǎng zhēn shì "huò bù dān xíng" a!

1 본문의 내용에 근거하여 다음 질문에 중국어로 답하세요.

❶ 安娜的脸色怎么样？

 _____

❷ 安娜的钱包是什么时候丢的？

🎤 _____

❸ 安娜的自行车怎么了？

🎤 _____

2 녹음을 듣고 본문과 일치하면 ○, 일치하지 않으면 ×를 표시한 후, 녹음 내용을 빈칸에 쓰세요.

Track11-04

❶ 安娜的脸色_____，好像_____。

❷ 安娜_____的时候，钱包丢了。

❸ 安娜_____也不见了。

Track11-05

STEP 1 녹음을 듣고 제시된 문장과 내용이 일치하는지 ○×로 표시한 후, 틀린 부분을 바르게 고치세요.

❶ 上个星期天东民被一辆公共汽车撞了。
Shàng ge xīngqītiān Dōngmín bèi yí liàng gōnggòng qìchē zhuàng le.

⇒ _____

❷ 现在东民的腿好多了。
Xiànzài Dōngmín de tuǐ hǎo duō le.

⇒ _____

❸ 东民去黄山玩儿的时候，没下雨。
Dōngmín qù Huáng Shān wánr de shíhou, méi xià yǔ.

⇒ _____

❹ 东民最近运气好极了。
Dōngmín zuìjìn yùnqi hǎo jí le.

⇒ _____

安娜 东民，你的腿怎么了？
Dōngmín, nǐ de tuǐ zěnme le?

东民 上个星期天我_____，被_____撞了。
Shàng ge xīngqītiān wǒ   bèi   zhuàng le.

不过现在已经好多了。
Búguò xiànzài yǐjīng hǎo duō le.

安娜 你上次去黄山玩儿得怎么样？
Nǐ shàngcì qù Huáng Shān wánr de zěnmeyàng?

东民 _____。我们出发的时候_____，
                Wǒmen chūfā de shíhou

可是一到那儿就_____，
kěshì yí dào nàr jiù

而且我们没带雨伞，都感冒了。
érqiě wǒmen méi dài yǔsǎn, dōu gǎnmào le.

安娜 你_____啊！对了，你最近学习还好吧？
Nǐ   a!   Duì le, nǐ zuìjìn xuéxí hái hǎo ba?

东民 唉，我今天还被老师骂了一顿。
Āi, wǒ jīntiān hái bèi lǎoshī màle yí dùn.

단어

Track11-07

- □□ 撞 zhuàng 동 부딪치다
- □□ 腿 tuǐ 명 다리[신체]
- □□ 黄山 Huáng Shān 고유 황산
- □□ 上次 shàngcì 지난번
- □□ 出发 chūfā 동 출발하다
- □□ 雨伞 yǔsǎn 명 우산

- □□ 感冒 gǎnmào 동 감기에 걸리다
- □□ 唉 āi 감탄 (탄식하는 소리로) 후, 에이
- □□ 骂 mà 동 욕하다, 꾸짖다
- □□ 顿 dùn 양 번, 차례[꾸중·타이름 등의 행위를 세는 단위]

1 다음을 읽은 후 해석하세요.

> 东民最近遇到了好几件倒霉事儿。前天他走路的时候，被一辆摩托车撞了，不但腿受伤了，而且新买的手机也坏了。今天回家的时候，突然下大雨了，东民没有带伞，被雨淋了，真是太倒霉了！
>
> 단어 **摩托车** mótuōchē 몡 오토바이 ┃ **淋** lín 통 (물이나 액체에) 젖다

2 다음 문장에 알맞은 대답을 고르세요.

❶ 你的脸色怎么这么难看？   A 你最近运气真不好。

❷ 我的手机又丢了。   B 被我吃光了。

❸ 我昨天买的面包呢？   C 我肚子疼得很厉害。

❹ 考试怎么样？   D 有好几个问题不会做。

3 제시된 단어를 배열하여 문장을 만드세요.

❶ 裤子 / 我 / 好几条 / 在 / 香港 / 买 / 了

➡ _____

❷ 透 / 已经 / 熟 / 香蕉 / 了

➡ _____

❸ 在超市 / 我 / 丢了 / 钱包 / 一个

➡ _____

❹ 手机 / 我 / 放在 / 办公室了 / 被

➡ _____

4 제시된 단어를 이용하여 문장을 중국어로 써 보세요.

❶ 내 사진기(照相机)는 도둑맞지 않았어요. (被)

➡ _____

❷ 나는 조심하지 않아서 핸드폰을 잃어버렸습니다. (把)

➡ _____

❸ 그 사전은 친구가 빌려 갔어요. (被)

➡ _____

❹ 나는 중국 친구들이 여러 명 있습니다. (好)

➡ _____

童话
Tónghuà

光良
Guāngliáng

忘了有多久
wàngle yǒu duō jiǔ

对我说
duì wǒ shuō

我想了很久
wǒ xiǎngle hěn jiǔ

是不是我又
shì bu shì wǒ yòu

你哭着对我说
nǐ kūzhe duì wǒ shuō

我不可能是你的王子
wǒ bù kěnéng shì nǐ de wángzǐ

也许你不会懂
yěxǔ nǐ bú huì dǒng

我的天空
wǒ de tiānkōng

我愿变成
wǒ yuàn biànchéng

张开双手
zhāngkāi shuāngshǒu

你要相信
nǐ yào xiāngxìn

幸福和快乐是结局
xìngfú hé kuàilè shì jiéjú

再没听到你
zài méi tīngdào nǐ

你最爱的故事
nǐ zuì ài de gùshi

我开始慌了
wǒ kāishǐ huāng le

做错了什么
zuòcuòle shénme

童话里都是骗人的
tónghuà li dōu shì piàn rén de

从你说爱我以后
cóng nǐ shuō ài wǒ yǐhòu

星星都亮了
xīngxing dōu liàng le

童话里　　　你爱的那个天使
tónghuà li　　　nǐ ài de nàge tiānshǐ

变成翅膀守护你
biànchéng chìbǎng shǒuhù nǐ

相信我们会像童话故事里
xiāngxìn wǒmen huì xiàng tónghuà gùshi li

동화

광량

얼마나 오랫동안 잊고 있었는지 다시 듣지 못했던
나에게 들려 준 당신이 가장 좋아하는 이야기
오랫동안 생각했어요 그러다 불안해졌어요
내가 또 무슨 잘못을 한 건 아닌지
당신은 울면서 내게 말했죠 동화 속 이야기는 전부 다 거짓말이라고
난 당신의 왕자가 될 수 없다고
아마 당신은 모를 거예요 당신이 나를 사랑한다고 말한 후부터
나의 하늘은 별들로 빛났다는 걸요
난 당신이 좋아하는 동화 속의 그 천사가 되고 싶어요
두 팔을 활짝 펴 날개가 되어 당신을 지켜줄 거예요
믿어줘요 우리가 동화 속 이야기처럼 될 수 있다고 믿어요
행복과 즐거움으로 가득 찬 해피엔딩을

START!

12과

我等你等了半天了。

나는 당신을 한참 동안 기다렸어요.

▶ **표현** 시간의 양에 대한 표현 익히기(2)
일에 대한 원인과 결과 설명하기

▶ **어법** 才와 就 | 시량보어(2) |
자주 쓰는 접속사

트레이닝 듣기

Track12과

小英　你怎么现在才①来？
Nǐ zěnme xiànzài cái lái?

我等你等了半天②了。
Wǒ děng nǐ děngle bàntiān le.

东民　真对不起，让你久等了。
Zhēn duìbuqǐ, ràng nǐ jiǔ děng le.

因为路上堵车，
Yīnwèi lùshang dǔ chē,

所以③迟到了。
suǒyǐ chídào le.

小英　你应该早点儿出来啊！
Nǐ yīnggāi zǎo diǎnr chūlai a!

东民　我七点钟就出来了，可是路上堵了三十分钟。
Wǒ qī diǎn zhōng jiù chūlai le, kěshì lùshang dǔle sānshí fēnzhōng.

小英　原来是这样啊！
Yuánlái shì zhèyàng a!

东民　咱们快走吧。北海公园离这儿多远？
Zánmen kuài zǒu ba.　Běihǎi Gōngyuán lí zhèr duō yuǎn?

小英　不远，坐车半个小时左右就到了。
Bù yuǎn, zuò chē bàn ge xiǎoshí zuǒyòu jiù dào le.

☐☐	半天	bàntiān	반나절, 오랜 시간
☐☐	久	jiǔ	혱 (시간 등이) 길다, 오래다
☐☐	路上	lùshang	몡 도중, 길 위
☐☐	堵车	dǔ chē	동 차가 막히다

* 堵 dǔ 동 막히다 ┃ 동의 塞车 sāi chē 동 차가 막히다

☐☐	迟到	chídào	동 지각하다, 늦게 오다
☐☐	应该	yīnggāi	조동 마땅히 ~해야 한다

* 동의 该 gāi 조동 마땅히 ~해야 한다

☐☐	钟	zhōng	몡 시각, 시간
☐☐	原来	yuánlái	뷔 알고 보니
☐☐	北海公园	Běihǎi Gōngyuán	고유 베이하이공원

플러스 TIP

坐车半个小时左右就到了

이 표현은 '차를 타고 반 시간 정도면 바로 도착하다'라는 의미로, 如果坐车, 半个小时左右就到了。
문장에서 가정을 나타내는 如果가 생략된 표현이에요. 따라서 이 표현에서 半个小时는 시량보어가
아님을 주의해야 해요.

1 才와 就

才는 '~에서야 비로소', '겨우'라는 뜻으로 과정이 힘들고 순조롭지 못함을 나타내고, 就는 '곧바로'라는 뜻으로 일이 순조롭게 빨리 진행됨을 나타냅니다.

才	就
我七点钟才出来。 Wǒ qī diǎn zhōng cái chūlai. 나는 일곱 시에 겨우 나왔어요.	我七点钟就出来了。 Wǒ qī diǎn zhōng jiù chūlai le. 나는 일곱 시에 바로 나왔어요.
我们明天才能出发。 Wǒmen míngtiān cái néng chūfā. 우리는 내일에서야 출발할 수 있어요.	我们明天就能出发。 Wǒmen míngtiān jiù néng chūfā. 우리는 내일 곧바로 출발할 수 있어요.

TIP 이미 발생한 동작이나 상황일 경우, 就의 문장 끝에는 了를 쓰는 반면, 才의 문장 끝에는 了를 쓰지 않습니다.

> 확인체크
>
> ♦ 다음 빈칸에 才 또는 就를 넣어 문장을 완성하세요.
>
> ❶ 我看了半天_____看懂。
>
> ❷ 他一毕业_____找到工作了。
>
> ❸ 太远了，坐十个小时的火车_____能到。

2 시량보어(2)

① 시량보어는 동사 뒤에 놓여 어떤 동작이나 상태가 얼마 동안 지속되었는지 시간의 양을 나타냅니다.

주어 + 동사 + 시량보어

我看了一个小时。 나는 한 시간 동안 봤어요.
Wǒ kànle yí ge xiǎoshí.

② 동사 뒤에 목적어가 올 경우 동사를 중복하고 시량보어는 중복된 동사 뒤에 씁니다. 이때 목적어가 인칭대사인 경우, 시량보어는 동사의 중복 없이 인칭대사 뒤에 쓸 수 있습니다.

동사 + 인칭대사 + (동사) + 시량보어

我等你等了两个小时。 나는 당신을 두 시간 동안 기다렸어요.
Wǒ děng nǐ děngle liǎng ge xiǎoshí.

(= 我等了你两个小时。 Wǒ děngle nǐ liǎng ge xiǎoshí.)

③ 시량보어가 있는 문장에서 동태조사 了와 문장 끝의 어기조사 了가 함께 쓰이면, 동작이 현재까지 계속 지속되고 있음을 나타냅니다.

我等了你两个小时了。 나는 당신을 두 시간째 기다리고 있어요.
Wǒ děngle nǐ liǎng ge xiǎoshí le.

3 자주 쓰는 접속사

① 因为A, 所以B   A하기 때문에 그래서 B하다

因为天气不好，所以去不了。 날씨가 안 좋기 때문에 갈 수가 없어요.
Yīnwèi tiānqì bù hǎo, suǒyǐ qù bu liǎo.

② 虽然A, 但是B   비록 A하지만 B하다

他虽然输了，但是没有放弃。 그는 비록 졌지만 포기하지 않았어요.
Tā suīrán shū le, dànshì méiyǒu fàngqì.

③ 不但A, 而且B   A뿐만 아니라 B도 하다

他不但很聪明，而且很认真。 그는 똑똑할 뿐만 아니라 성실해요.
Tā búdàn hěn cōngming, érqiě hěn rènzhēn.

④ 如果/要是A, 就B   만약 A라면 B하다

如果遇到什么问题，就问我。 무슨 문제가 있으면 나에게 물어보세요.
Rúguǒ yùdào shénme wèntí, jiù wèn wǒ.

⑤ 先A, 然后B   먼저 A하고 나서 B하다

我们先吃饭，然后喝咖啡吧。 우리 먼저 밥을 먹고 나서 커피를 마셔요.
Wǒmen xiān chī fàn, ránhòu hē kāfēi ba.

단어 放弃 fàngqì 통 포기하다

这几天北海公园的花儿开得很漂亮。小英想和东民
Zhè jǐ tiān Běihǎi Gōngyuán de huār kāi de hěn piàoliang. Xiǎoyīng xiǎng hé Dōngmín

一起去看花儿。他们约好了早上八点在学校门口儿见面。
yìqǐ qù kàn huār.　Tāmen yuēhǎole zǎoshang bā diǎn zài xuéxiào ménkǒur jiàn miàn.

小英七点五十分就到了。等了半个小时了，东民还没
Xiǎoyīng qī diǎn wǔshí fēn jiù dào le.　Děngle bàn ge xiǎoshí le, Dōngmín hái méi

来，她很生气。都八点半了，东民才到。
lái, tā hěn shēng qì.　Dōu bā diǎn bàn le, Dōngmín cái dào.

其实今天东民很早就出门了，没想到路上堵车堵得
Qíshí jīntiān Dōngmín hěn zǎo jiù chū mén le, méi xiǎngdào lùshang dǔ chē dǔ de

这么厉害!
zhème lìhai!

1 본문의 내용에 근거하여 다음 질문에 중국어로 답하세요.

❶ 他们约好了几点在哪儿见？ 🎙 _____

❷ 小英等了东民多长时间？ 🎙 _____

❸ 东民为什么来晚了？ 🎙 _____

2 녹음을 듣고 본문과 일치하면 ○, 일치하지 않으면 ×를 표시한 후, 녹음 내용을 빈칸에 쓰세요.

Track12-04

❶ [ ] 小英和东民打算_____。

❷ [ ] 东民比小英_____。

❸ [ ] 东民因为_____，所以迟到了。

단어

Track12-05

□□ 花(儿) huā(r) 몡 꽃

□□ 开 kāi 통 (꽃이) 피다

□□ 约 yuē 통 약속하다

□□ 见面 jiàn miàn 통 만나다

□□ 生气 shēng qì 통 화내다, 성내다

□□ 其实 qíshí 튀 사실은

□□ 出门 chū mén 통 외출하다

□□ 没想到 méi xiǎngdào 뜻밖에, 생각하지 못하다

Track12-06

STEP 1 녹음을 듣고 다음 질문에 답하세요.

❶ 女的结婚多长时间了?
Nǚ de jié hūn duō cháng shíjiān le?

➡ _____

❷ 女的在北京住了多长时间了?
Nǚ de zài Běijīng zhùle duō cháng shíjiān le?

➡ _____

❸ 女的在大学学了多长时间汉语?
Nǚ de zài dàxué xuéle duō cháng shíjiān Hànyǔ?

➡ _____

❹ 女的觉得自己的汉语怎么样?
Nǚ de juéde zìjǐ de Hànyǔ zěnmeyàng?

➡ _____

东民 　你结婚多长时间了?
　　　　Nǐ jié hūn duō cháng shíjiān le?

女 　　_____。

东民 　你在北京住了几年?
　　　　Nǐ zài Běijīng zhùle jǐ nián?

女 　我_____北京，现在_____。
　　Wǒ　　　　　　Běijīng, xiànzài

东民 　你汉语说得非常好，在法国_____吗?
　　　　Nǐ Hànyǔ shuō de fēicháng hǎo, zài Fǎguó　　　　ma?

女 　学过，在大学_____多。
　　Xuéguo, zài dàxué　　　　　duō.

东民 　你学了不到一年就说得这么好!
　　　　Nǐ xuéle bú dào yì nián jiù shuō de zhème hǎo!

女 　哪里，_____呢!
　　Nǎli,　　　　　ne!

Track12-07

□□ 结婚 jié hūn 동 결혼하다　　　　□□ 哪里 nǎli 천만에요, 별말씀을요
□□ 多 duō 주 ~여, 남짓

Track12-08

1 다음을 읽은 후 해석하세요.

> 今天东民打算请小英一起看电影。他们约好了晚上七点在电影院门口见面。东民六点半就到了。可是他等了三十多分钟，小英还没来。都七点半了，小英才到，她觉得很不好意思。

2 다음 보기 중에서 빈칸에 들어갈 알맞은 접속사를 고르세요.

보기	虽然…但是…	先…然后…
	因为…所以…	不但…而且…

❶ _____我没时间，_____不能去旅行。

❷ 他_____会说汉语，_____也会说日语。

❸ 我_____汉语说得不太好，_____都听得懂。

❹ 我_____去银行换钱，_____去邮局寄东西。

3 제시된 단어를 배열하여 문장을 만드세요.

① 他 / 毕业 / 去年 / 就 / 了

➡ _____

② 今天 / 十点 / 起床 / 才 / 上午

➡ _____

③ 熬夜 / 因为 / 所以 / 了 / 累 / 很

➡ _____

④ 我 / 他 / 等 / 半个 / 小时 / 了 / 了

➡ _____

4 제시된 단어를 이용하여 문장을 중국어로 써 보세요.

① 어제 당신은 왜 안 왔나요? 나는 당신을 세 시간 동안 기다렸어요. (了)

➡ _____

② 나는 인터넷(上网)을 세 시간째 하고 있습니다. (…了…了)

➡ _____

③ 우리 먼저 숙제를 하고 나서 놀러 나갑시다. (先…然后…)

➡ _____

④ 어제 나는 한 시간밖에 못 자서, 오늘 매우 피곤합니다. (因为…所以…)

➡ _____

베이징을 여행할 때 가 보면 좋은 곳은?

베이징은 중국의 수도이자, 만리장성(长城 Chángchéng), 고궁(故宫 Gùgōng), 천안문(天安门 Tiān'ānmén), 이화원(颐和园 Yíhéyuán) 등 유명한 명승고지가 많은 지역 중에 하나예요. 베이징에는 만리장성, 고궁, 천안문 외에도 가 볼만한 곳이 많이 있어요.

우선 고궁 뒷문 건너편에는 경산공원(景山公园 Jǐngshān Gōngyuán)이 있는데, 경산공원 정상에 올라가면 고궁 전체 모습과 베이징 시내 경관을 한눈에 내려다볼 수 있어서 관광객이 많이 가요. 또한 베이징의 옛 골목인 후통(胡同 hútòng)에 가면 베이징의 전통 가옥인 사합원(四合院 sìhéyuàn)을 비롯해 옛 건축물들을 많이 볼 수 있고, 베이징의 특색 있는 볼거리, 먹을거리들이 많이 있어요. 난뤄구샹(南锣鼓巷 Nán Luógǔxiàng)은 오래된 후통 중의 하나로 난뤄구샹을 구경하며 걷다 보면 스차하이(什刹海 Shíchàhǎi)라는 호수까지 갈 수 있어요. 밤에 스차하이 주변은 조명 불빛이 아름다워서 레스토랑, 바(bar), 카페 등에서 야경을 즐길 수 있어요. 스차하이의 바가 중국 젊은이들에게 인기 있는 곳이라면, 외국인들에게 유명한 곳은 싼리툰(三里屯 Sānlǐtún)이에요.

또한 천단공원(天坛公园 Tiāntán Gōngyuán)이 있어요. 천단공원은 면적 283만㎡에 이르는 광대한 공원으로, 천단은 원래 중국에서 황제가 하늘에 제사를 올리는 의식을 행하기 위하여 1420년 명대(明代)에 설치한 제단이었어요. 천단공원에 가면 곳곳에서 다양한 취미 생활을 즐기는 중국인을 많이 볼 수 있어요. 만약 야시장에 가보고 싶다면 왕푸징(王府井 Wángfǔjǐng)에 가면 좋아요. 왕푸징에는 많은 쇼핑몰과 야시장의 핵심인 먹거리가 많이 있어요. 이 밖에 대형 복합 예술단지인 798예술구(798艺术区 Qī jiǔ bā Yìshùqū), 베이징올림픽 스타디움(鸟巢 Niǎocháo) 등이 있어요.

천단공원

경산공원 정상에서 내려다본 고궁 모습

START!

13과

祝你生日快乐!

생일 축하합니다!

▶ **표현**　축하 표현 익히기
　　　　　'～를 위하여' 표현 익히기

▶ **어법**　为 ｜ …什么…什么 ｜ 敬

트레이닝 듣기

Track 13과

핵심 패턴

37 谢谢你们为我过生日。　　　나를 위해 생일을 챙겨 줘서 고마워요.

38 喜欢吃什么就吃什么!　　　좋아하는 것 맘껏 드세요!

39 我们敬您一杯!　　　　　　저희가 당신께 한 잔 드릴게요!

Track13-01

同学　王老师，祝您生日快乐！
　　　Wáng lǎoshī, zhù nín shēngrì kuàilè!

东民　这是我们给您买的
　　　Zhè shì wǒmen gěi nín mǎi de

　　　生日礼物和蛋糕。
　　　shēngrì lǐwù hé dàngāo.

老师　谢谢你们为❶我过生日，
　　　Xièxie nǐmen wèi wǒ guò shēngrì,

　　　我真开心！
　　　wǒ zhēn kāixīn!

　　　大家别客气，喜欢吃什么就吃什么❷！
　　　Dàjiā bié kèqi, xǐhuan chī shénme jiù chī shénme!

安娜　老师，我们非常感谢您的关心和帮助。
　　　Lǎoshī, wǒmen fēicháng gǎnxiè nín de guānxīn hé bāngzhù.

老师　这些都是老师应该做的。
　　　Zhèxiē dōu shì lǎoshī yīnggāi zuò de.

东民　老师，我们敬❸您一杯！
　　　Lǎoshī, wǒmen jìng nín yì bēi!

　　　祝您身体健康、万事如意！
　　　Zhù nín shēntǐ jiànkāng、wànshì rúyì!

Track13-02

□□	礼物	lǐwù	몡 선물
□□	为	wèi	게 ~를 위하여
□□	过	guò	통 (시간을) 보내다, 지내다
□□	些	xiē	양 약간, 조금
□□	敬	jìng	통 (음식이나 물건을) 올리다, 바치다
			* 敬酒 jìng jiǔ 술을 올리다
□□	健康	jiànkāng	몡 건강 톙 건강하다
□□	万事如意	wànshì rúyì	셩 모든 일이 뜻대로 이루어지다, 만사형통하다

플러스 **TIP**

축하와 기원의 표현

· 祝你身体健康! 건강하시기를 바랍니다.
　Zhù nǐ shēntǐ jiànkāng!

· 祝你学习进步! 학습의 발전을 기원합니다.
　Zhù nǐ xuéxí jìnbù!

· 祝你工作顺利! 하시는 일이 순조롭기를 바랍니다.
　Zhù nǐ gōngzuò shùnlì!

· 祝你一路顺风! 가시는 길이 순조롭기를 바랍니다.
　Zhù nǐ yílù shùnfēng!

· 祝你新婚快乐! 행복한 신혼 보내세요.
　Zhù nǐ xīnhūn kuàilè!

단어 顺利 shùnlì 톙 순조롭다 ㅣ 新婚 xīnhūn 몡 신혼

1 为

为는 '～를 위하여'라는 의미로 동작의 원인이나 대상을 나타냅니다.

这件事是为你做的。 이 일은 당신을 위한 것이에요.
Zhè jiàn shì shì wèi nǐ zuò de.

我想为您唱一首歌。 나는 당신을 위해 노래 한 곡을 부르고 싶어요.
Wǒ xiǎng wèi nín chàng yì shǒu gē.

> **TIP** 为는 '～하기 위하여'라는 의미로 목적을 나타내기도 합니다. 이때는 为了로도 쓸 수 있습니다.
>
> 예 **为了身体健康, 他每天都打太极拳。** 신체를 건강하게 하기 위해, 그는 매일 태극권을 해요.
> Wèile shēntǐ jiànkāng, tā měi tiān dōu dǎ tàijíquán.

🎓
확
인
체
크

◆ 다음 문장에서 为가 나타내는 의미가 다른 하나를 고르세요.

❶ 孩子为妈妈洗衣服。

❷ 谢谢您每天为我做早饭。

❸ 为感谢您的帮助, 我想请您吃饭。

---

2 …什么…什么

두 개의 什么가 앞뒤에서 호응하면 '～하고 싶은 대로 ～하다'라는 의미를 나타냅니다. 什么 외에 다른 의문대사(谁, 哪儿, 怎么, 什么时候 등)도 쓸 수 있습니다.

你想吃什么就吃什么。 당신이 먹고 싶은 것을 드세요.
Nǐ xiǎng chī shénme jiù chī shénme.

你想什么时候去就什么时候去。 당신이 가고 싶을 때 가세요.
Nǐ xiǎng shénme shíhou qù jiù shénme shíhou qù.

你去哪儿，我就去哪儿。 당신이 가는 곳으로 나는 갈게요.
Nǐ qù nǎr, wǒ jiù qù nǎr.

你决定怎么做就怎么做。 당신이 결정한 대로 하세요.
Nǐ juédìng zěnme zuò jiù zěnme zuò.

<table>
<tr><td rowspan="2">🎓
확인
체크</td><td>♦ 다음 빈칸에 들어갈 알맞은 의문대사를 쓰세요.</td></tr>
<tr><td>❶ 他想做_____就让他做_____。

❷ 你想跟_____吃饭就跟_____吃饭。

❸ 你想去_____旅游就去_____旅游。</td></tr>
</table>

3 敬

敬은 아랫사람이 윗사람께 음식이나 물건을 공손히 드리거나 올릴 때 쓰는 표현입니다.

我敬您一杯。 제가 당신께 한 잔 올릴게요.
Wǒ jìng nín yì bēi.

我敬张先生一杯茶。 제가 장 선생님께 차 한 잔 드릴게요.
Wǒ jìng Zhāng xiānsheng yì bēi chá.

TIP 敬酒(jìng jiǔ)와 敬礼(jìng lǐ)는 비즈니스 상황에서 많이 사용되는 표현입니다. 敬酒는 '술을 권하다', '술을 올리다'라는 의미로, 상대방과 우호적인 관계를 위해 술 자리를 하는 경우에 사용합니다. 敬礼(jìng lǐ)는 '경례하다'라는 뜻도 있지만, 보통 편지나 메일을 보낼 때 마지막에 이 표현을 써서 상대방에 대한 존경을 표현하기도 합니다.

今天王老师过生日。王老师请学生们来他家吃饭。王
Jīntiān Wáng lǎoshī guò shēngrì. Wáng lǎoshī qǐng xuéshengmen lái tā jiā chī fàn. Wáng

老师准备了各种各样的中国菜，比如：宫保鸡丁、锅包肉、
lǎoshī zhǔnbèile gèzhǒng gèyàng de Zhōngguó cài, bǐrú: gōngbǎo jīdīng、guōbāoròu、

地三鲜❶等等。
dìsānxiān děngděng.

晚上七点大家都来了。学生们送给了王老师生日蛋糕
Wǎnshang qī diǎn dàjiā dōu lái le. Xuéshengmen sònggěile Wáng lǎoshī shēngrì dàngāo

和礼物。东民特别感谢王老师像爸爸一样❷关心他、照顾
hé lǐwù.　　Dōngmín tèbié gǎnxiè Wáng lǎoshī xiàng bàba yíyàng guānxīn tā、zhàogù

他。学生们为王老师的生日干杯，大家祝王老师身体健康、
tā.　　Xuéshengmen wèi Wáng lǎoshī de shēngrì gān bēi, dàjiā zhù Wáng lǎoshī shēntǐ jiànkāng、

万事如意。
wànshì rúyì.

1 본문의 내용에 근거하여 다음 질문에 중국어로 답하세요.

❶ 王老师准备了什么?　　　🎤 ＿＿＿＿＿＿＿＿＿＿＿＿＿＿

❷ 学生们送给了王老师什么?　🎤 ＿＿＿＿＿＿＿＿＿＿＿＿＿＿

❸ 东民为什么感谢王老师?　　🎤 ＿＿＿＿＿＿＿＿＿＿＿＿＿＿

2 녹음을 듣고 본문과 일치하면 ○, 일치하지 않으면 ×를 표시한 후,
녹음 내용을 빈칸에 쓰세요.

Track13-04

❶ 　　　王老师＿＿＿＿＿＿＿去饭馆儿吃饭。

❷ 　　　王老师收到了＿＿＿＿＿＿＿＿＿。

❸ 　　　大家祝王老师＿＿＿＿＿＿＿、万事如意。

Track13-05

□□ 准备 zhǔnbèi 동 준비하다
□□ 比如 bǐrú 동 예를 들다, 예컨대
□□ 宫保鸡丁 gōngbǎo jīdīng
　　　　　　명 궁바오지딩[음식명]
□□ 锅包肉 guōbāoròu 명 궈바오러우[음식명]

□□ 地三鲜 dìsānxiān 명 디싼셴[음식명]
□□ 像…一样 xiàng…yíyàng 마치 ~와 같다
□□ 照顾 zhàogù 동 돌보다
□□ 干杯 gān bēi 동 건배하다

━●플러스Tip●━━━━━━━━━━━━━━━━━━━━━━━━━━━━━━━━━━━━

❶ 宫保鸡丁은 닭고기, 건고추, 땅콩 등을 넣어 볶은 요리이고, 锅包肉는 돼지고기를 넓적하게 썰어
만든 찹쌀 탕수육이에요. 地三鲜은 땅에서 나는 신선한 세 가지 채소를 볶은 요리로, 세 가지 채
소는 바로 감자, 가지, 고추예요.
❷ 像은 '마치 ~와 같다'라는 뜻으로, 「A像B一样」 형식으로 쓰여 A와 B가 비슷함을 표현합니다.

STEP 1 녹음을 듣고 제시된 문장과 내용이 일치하는지 ○×로 표시하세요.

❶ 东民要参加同学的婚礼。
Dōngmín yào cānjiā tóngxué de hūnlǐ.

❷ 参加婚礼应该送红包，不应该送生活用品。
Cānjiā hūnlǐ yīnggāi sòng hóngbāo, bù yīnggāi sòng shēnghuó yòngpǐn.

❸ 去婚礼穿西装比较好。
Qù hūnlǐ chuān xīzhuāng bǐjiào hǎo.

❹ 对新郎新娘可以说 "新婚快乐!"。
Duì xīnláng xīnniáng kěyǐ shuō "Xīnhūn kuàilè!".

东民　小英，我同学的哥哥_____，我打算参加他的婚礼。
　　　Xiǎoyīng, wǒ tóngxué de gēge　　　　　　　wǒ dǎsuan cānjiā tā de hūnlǐ.

小英　挺好的，东民。参加中国人的婚礼是_____。
　　　Tǐng hǎo de, Dōngmín. Cānjiā Zhōngguórén de hūnlǐ shì

东民　可是我不知道_____。
　　　Kěshì wǒ bù zhīdào

小英　你可以送_____，也可以送个红包。
　　　Nǐ kěyǐ sòng　　　　　　　yě kěyǐ sòng ge hóngbāo.

东民　那我穿什么衣服好呢?
　　　Nà wǒ chuān shénme yīfu hǎo ne?

小英　你_____比较好。
　　　Nǐ　　　　　　bǐjiào hǎo.

东民　我见了新郎新娘应该说什么?
　　　Wǒ jiànle xīnláng xīnniáng yīnggāi shuō shénme?

小英　你可以说"恭喜恭喜，祝你们_____!"。
　　　Nǐ kěyǐ shuō "Gōngxǐ gōngxǐ, zhù nǐmen

단어

Track13-07

- □□ 参加 cānjiā 동 참가하다
- □□ 婚礼 hūnlǐ 명 결혼식
- □□ 红包 hóngbāo 명 (축의금이나 세뱃돈 등을 넣는) 붉은 종이 봉투, 훙바오
- □□ 生活用品 shēnghuó yòngpǐn 명 생활용품
- □□ 西装 xīzhuāng 명 양복
- □□ 新郎 xīnláng 명 신랑
- □□ 新娘 xīnniáng 명 신부
- □□ 新婚 xīnhūn 명 신혼
- □□ 了解 liǎojiě 동 자세하게 알다, 이해하다

Track13-08

1 다음을 읽은 후 해석하세요.

> 昨天是小英的生日，她请了朋友们来她家一起过生日。小英做了各种各样的中国菜，而且做得非常好吃，大家都吃得特别饱。东民送给了小英一束花儿，小英高兴极了。小英觉得今年的生日过得最有意思。
>
> 단어 束 shù 몡 묶음, 다발

2 다음 문장에 이어지는 내용을 고르세요.

❶ 今天我请客。

❷ 这是我为你准备的蛋糕。

❸ 我的中国朋友要结婚了。

❹ 春节见面的时候说什么好？

A 你想吃什么就吃什么！

B 可是我不知道应该送什么礼物。

C 新年快乐，恭喜发财！

D 谢谢你为我过生日。

3 제시된 단어를 배열하여 문장을 만드세요.

❶ 你 / 就 / 想 / 几点 / 几点 / 来 / 来

➡ _____

❷ 我 / 您 / 敬 / 想 / 一 / 酒 / 杯

➡ _____

❸ 这 / 是 / 做 / 的 / 你 / 为

➡ _____

❹ 你 / 去哪儿 / 想 / 吃饭 / 就 / 吃饭 / 去哪儿

➡ _____

4 제시된 단어를 이용하여 문장을 중국어로 써 보세요.

❶ 당신의 몸이 건강하시길 기원합니다! (祝)

➡ _____

❷ 오늘은 내가 한턱내겠습니다. 먹고 싶은 것을 드세요. (…什么, …什么)

➡ _____

❸ 중국에 유학 가기 위해, 나는 아르바이트(打工)를 하고 있습니다. (为了)

➡ _____

❹ 우리 이번의 성공(成功)을 위해 건배합시다! (为, 干杯)

➡ _____

중국인이 기피하는 선물은?

    중국에서는 선물할 때 기피하는 선물이 몇 가지 있어요. 그 이유는 대부분 중국어의 해음현상(谐音现象 xiéyīn xiànxiàng) 때문이에요. 해음현상이란 글자의 발음이 같거나 비슷하여 글자의 원래 뜻이 아닌 다른 뜻을 연상시키는 것을 의미해요. 중국인들은 이 해음현상을 이용하여 자신의 희망을 언어에 기탁하기도 하고, 재앙을 방지하고자 하는 바람을 나타내기도 해요. 그럼 중국인들이 기피하는 선물에는 어떤 것들이 있을까요?

伞(sǎn 우산)은 '흩어지다', '헤어지다'라는 뜻의 散(sàn)과 발음이 비슷하기 때문에 싫어해요. 钟(zhōng 괘종시계)도 피하는 것이 좋아요. 钟의 발음이 '끝나다', '죽다'를 의미하는 '终(zhōng)'과 발음이 같기 때문이에요. 우리나라는 회사나 가게 개업식에 시계를 선물하는 경우가 있는데, 중국에서는 절대 안 돼요. '시계를 선물하다(送钟 sòng zhōng)'은 '장례를 치르다, 임종을 지키다(送终 sòng zhōng)'의 의미로 받아질 수 있어요.

梨(lí 과일 배)도 선물하지 않아요. 梨는 '이별하다', '헤어지다'라는 뜻의 离(lí)와 발음이 같기 때문이에요. 배는 잘라서 나눠 먹지도 않아요. 왜냐하면 '헤어지다'라는 뜻의 分离(fēnlí)와 '배를 나누다'는 뜻의 分梨(fēn lí)의 발음도 같기 때문이지요. 영화나 드라마에서 배를 나눠 먹는 장면이 나오면 어느 한 사람이 죽거나 연인의 헤어짐을 암시하기도 해요. 이제 이런 내용의 중국 영화나 드라마를 본다면 훨씬 잘 이해가 되겠죠?

鞋(xié 신발)는 '질병을 일으키는 사악한 기운, 재앙'의 의미를 가진 邪(xié)와 발음이 같아서 '신발을 선물하다(送鞋 sòng xié)'는 '재앙을 선물하다(送邪 sòng xié)'는 뜻으로 저주하는 의미로 받아들일 수 있어요.

START!

14과

下星期就要回国了。

다음 주면 곧 귀국해요.

▶ **표현** 헤어짐과 관련된 표현 익히기
강조 표현 익히기

▶ **어법** 就要…了 │ 连…也/都 │
除了…以外, …也/还

트레이닝 듣기

Track14과

핵심 패턴

40 下星期就要回国了。
다음 주면 곧 귀국해요.

41 我连一句汉语也不会说。
나는 중국어를 한마디도 할 줄 몰라요.

42 除了学汉语以外, 我们也更了解中国了。
중국어를 배운 것 외에, 우리는 중국에 대해서도 훨씬 더 이해하게 되었어요.

Track14-01

东民　时间过得真快！
Shíjiān guò de zhēn kuài!

安娜　是啊。
Shì a.

下星期就要回国了^❶。
Xià xīngqī jiùyào huí guó le.

东民　这次来中国学习，
Zhècì lái Zhōngguó xuéxí,

收获挺大的。
shōuhuò tǐng dà de.

安娜　我也这么想。
Wǒ yě zhème xiǎng.

刚来的时候，我连一句汉语也^❷不会说，
Gāng lái de shíhou, wǒ lián yí jù Hànyǔ yě bú huì shuō,

现在都能跟中国人聊天儿了。
xiànzài dōu néng gēn Zhōngguórén liáo tiānr le.

东民　而且除了学汉语以外，我们也^❸更了解中国了。
Érqiě chúle xué Hànyǔ yǐwài, wǒmen yě gèng liǎojiě Zhōngguó le.

安娜　还交了不少中国朋友呢。
Hái jiāole bù shǎo Zhōngguó péngyou ne.

东民　我越来越喜欢中国了，希望有机会再来中国。
Wǒ yuè lái yuè xǐhuan Zhōngguó le, xīwàng yǒu jīhuì zài lái Zhōngguó.

□□	就要…了	jiùyào…le	곧 ~하려고 하다
□□	回国	huí guó	통 귀국하다
□□	收获	shōuhuò	명 수확, 성과 통 수확하다
□□	连…也	lián…yě	~조차도
□□	除了	chúle	개 ~를 제외하고
□□	以外	yǐwài	명 이외, 이상, 밖

* 除了…以外 chúle…yǐwài　~를 제외하고, ~외에

□□	交朋友	jiāo péngyou	친구를 사귀다

플러스　TIP

헤어질 때 쓰는 표현

· 慢走。 Màn zǒu. 살펴 가세요.
· 多保重。 Duō bǎozhòng. 몸 건강하세요.
· 下次再来。 Xiàcì zài lái. 다음에 또 오세요.
· 不用送我了。 Búyòng sòng wǒ le. 배웅하지 않으셔도 돼요.
· 后会有期。 Hòu huì yǒu qī. 나중에 다시 만나요.

1 就要…了

'막 ~하려고 하다', '곧 ~하려고 하다'라는 의미로, 어떤 동작이나 상황이 머지않아 발생할 것임을 나타냅니다.

假期就要到了。　　곧 방학이에요.
Jiàqī jiùyào dào le.

我们就要到北京了。　우리는 곧 베이징에 도착해요.
Wǒmen jiùyào dào Běijīng le.

TIP 비슷한 표현으로는 要…了, 快要…了가 있는데, 就要…了 앞에는 시간 명사가 올 수 있지만 快要…了 앞에는 올 수 없습니다.

　例　我下个月就要回国了。 나는 다음 달에 곧 귀국할 거예요.
　　　Wǒ xià ge yuè jiùyào huí guó le.

　　　我下个月快要回国了。(X) ➡ 我快要回国了。 나는 곧 귀국할 거예요.
　　　　　　　　　　　　　　　　　Wǒ kuài yào huí guó le.

확인체크 ♦ 다음 문장 중 틀린 하나를 고르세요.

❶ 就要去中国留学了。　　　　❷ 快要到春节了。

❸ 他今年夏天就要毕业了。　　❹ 我们明天快要见面了。

---

2 连…也/都

'심지어 ~조차도'라는 의미로, 강조를 나타내는 표현입니다. 뒤에 也 대신 都로 쓸 수 있습니다.

今天他忙极了，连饭也没吃。 오늘 그는 너무 바빠서, 밥도 못 먹었어요.
Jīntiān tā máng jí le, lián fàn yě méi chī.

连孩子都知道，他当然知道。 아이조차도 아는데, 그도 당연히 알겠죠.
Lián háizi dōu zhīdào, tā dāngrán zhīdào.

3 除了…以外，…也/还

'A 외에, B도 있다'라는 의미로, 앞 문장에서 언급한 것 외에 또 다른 것이 있음을 나타냅니다. 뒤에 也 대신 还(hái)를 쓸 수 있습니다.

除了东民以外，安娜和迈克也会喝酒。 동민이 외에, 안나와 마이크도 술을 마실 수 있어요.
Chúle Dōngmín yǐwài, Ānnà hé Màikè yě huì hē jiǔ.

除了北京以外，我还去过苏州、杭州。 베이징 외에, 나는 쑤저우와 항저우도 가 본 적이 있어요.
Chúle Běijīng yǐwài, wǒ hái qùguo Sūzhōu、Hángzhōu.

TIP 除了…以外，…都

'A를 제외한 B가 있다'라는 의미로, A를 제외하고 B만 있음을 나타냅니다.

例 除了王老师以外，别人都来了。 왕 선생님을 제외하고, 다른 사람은 모두 왔어요.
Chúle Wáng lǎoshī yǐwài, biérén dōu lái le.
[왕 선생님만 안 오심]

除了安娜以外，我们都会喝酒。 안나를 제외하고, 우리는 모두 술을 마실 수 있어요.
Chúle Ānnà yǐwài, wǒmen dōu huì hē jiǔ.
[안나만 술을 못 마심]

확인체크

♦ 다음 문장을 보기 와 같이 除了…以外로 바꾸어 보세요.

보기 我去爬山，我的同学也去。 → 除了我以外，我的同学也去爬山。

❶ 我喜欢吃海鲜，我的家人也喜欢。

➡ _____

❷ 我不看足球比赛，别人都看足球比赛。

➡ _____

단어 假期 jiàqī 명 방학, 휴가, 연휴 | 苏州 Sūzhōu 고유 쑤저우, 소주 | 别人 biérén 명 다른 사람

Track14-03

东民的学习就要结束了。东民觉得来中国学习收获
Dōngmín de xuéxí jiùyào jiéshù le.　　Dōngmín juéde lái Zhōngguó xuéxí shōuhuò

特别大。他刚来的时候，连一句汉语也不会说。可是现在
tèbié dà.　　Tā gāng lái de shíhou, lián yí jù Hànyǔ yě bú huì shuō.　　Kěshì xiànzài

都能跟中国朋友聊天儿了，而且除了学汉语以外，也更
dōu néng gēn Zhōngguó péngyou liáo tiānr le, érqiě chúle xué Hànyǔ yǐwài, yě gèng

了解中国文化了。
liǎojiě Zhōngguó wénhuà le.

　　虽然东民的同学都是从不同的国家来的，但是现在
Suīrán Dōngmín de tóngxué dōu shì cóng bùtóng de guójiā lái de, dànshì xiànzài

都成了好朋友。东民很舍不得[1]离开中国，也舍不得离开
dōu chéngle hǎo péngyou. Dōngmín hěn shěbude líkāi Zhōngguó, yě shěbude líkāi

朋友们。
péngyoumen.

1 본문의 내용에 근거하여 다음 질문에 중국어로 답하세요.

① 东民觉得来中国学习怎么样？　　🎤 _____

② 刚来的时候，东民的汉语怎么样？　🎤 _____

③ 除了学汉语以外，东民还有什么收获？ 🎤 _____

2 녹음을 듣고 본문과 일치하면 ○, 일치하지 않으면 ×를 표시한 후,
녹음 내용을 빈칸에 쓰세요.

Track14-04

① ☐ 　　东民的学习_____。

② ☐ 　　东民觉得来中国_____。

③ ☐ 　　东民舍不得_____，也舍不得_____。

단어

Track14-05

☐☐ 结束 jiéshù 图 끝나다, 마치다, 종결하다　☐☐ 国家 guójiā 명 국가

☐☐ 文化 wénhuà 명 문화　　　　　　　　☐☐ 舍不得 shěbude 图 아쉽다, 아깝다, 섭섭하다

☐☐ 不同 bùtóng 형 다르다　　　　　　　☐☐ 离开 líkāi 图 떠나다

─ 플러스Tip ─

❶ 舍不得는 보통 헤어지기 아쉽거나 미련이 남을 때 또는 아까워서 어떤 일을 하기 힘들 때 사용해요. 반대말은 舍得(shěde 아깝지 않다, 미련이 없다)예요.

Track14-06

STEP 1 녹음을 듣고 다음 질문에 답하세요.

❶ 东民什么时候回去?

Dōngmín shénme shíhou huíqu?

➡ _____

❷ 东民的行李收拾好了吗?

Dōngmín de xíngli shōushi hǎo le ma?

➡ _____

❸ 小英希望东民回国以后做什么?

Xiǎoyīng xīwàng Dōngmín huí guó yǐhòu zuò shénme?

➡ _____

❹ 东民一回国就做什么?

Dōngmín yì huí guó jiù zuò shénme?

➡ _____

小英　东民，明天你＿＿＿＿＿＿＿＿＿，行李都收拾好了吗?
　　　Dōngmín, míngtiān nǐ　　　　　　　　　xíngli dōu shōushi hǎo le ma?

东民　还没呢，行李太多了。
　　　Hái méi ne, xíngli tài duō le.

小英　＿＿＿＿＿＿＿＿＿＿＿吧。
　　　　　　　　　　　　　　ba.

东民　谢谢你，小英!
　　　Xièxie nǐ, Xiǎoyīng!

小英　你别忘了，回国以后＿＿＿＿＿＿＿＿＿＿。
　　　Nǐ bié wàng le, huí guó yǐhòu

东民　放心吧，我一到韩国就＿＿＿＿＿＿＿。
　　　Fàng xīn ba, wǒ yí dào Hánguó jiù

小英　我真舍不得你走。祝你一路平安!
　　　Wǒ zhēn shěbude nǐ zǒu.　　Zhù nǐ yílù píng'ān!

东民　我也＿＿＿＿＿＿，我会＿＿＿＿＿＿的!
　　　Wǒ yě　　　　　　　wǒ huì　　　　　　　de!

단어

□□ 行李 xíngli 몡 짐

□□ 收拾 shōushi 통 정리하다

□□ 忘 wàng 통 잊다

□□ 联系 liánxì 통 연락하다

□□ 一路平安 yílù píng'ān
　　 성 가시는 길 평안하기를 바랍니다

□□ 想 xiǎng 통 그리워하다, 생각하다

Track14-07

1 다음을 읽은 후 해석하세요.

Track14-08

> 东民在中国的学习就要结束了。虽然学习的时间不太长，但是现在东民汉语说得很流利。他在中国认识了很多朋友，过得很快乐。他舍不得离开王老师和同学们。东民希望有机会再来中国。

2 보기의 단어를 사용하여 다음 회화를 완성해 보세요.

| 보기 | 收获 | 过 | 以外 | 还 | 就要 |

A　时间＿＿＿＿＿得真快!

B　是啊。假期＿＿＿＿＿结束了。

A　这个假期你做什么了?

B　我除了打工＿＿＿＿＿，＿＿＿＿＿去旅行了，＿＿＿＿＿挺大的。

A　你的假期过得真有意思!

3 제시된 단어를 배열하여 문장을 만드세요.

❶ 成了 / 朋友 / 我们 / 最好 / 的

➡ _____

❷ 也 / 星期天 / 不 / 休息 / 连 / 能

➡ _____

❸ 除了 / 以外 / 古典音乐 / 听 / 音乐 / 别的 / 还

➡ _____

❹ 我 / 明年 / 妹妹 / 就要 / 结婚 / 了

➡ _____

4 제시된 단어를 이용하여 문장을 중국어로 써 보세요.

❶ 베이징에서 2년 동안 살았지만, 고궁(故宫)조차도 가 본 적이 없습니다. (连…也)

➡ _____

❷ 날씨가 흐려졌으니(阴), 곧 비가 올 것 같아요. (就要…了)

➡ _____

❸ 주말에 그는 잠자는 것을 제외하고는 아무것도 안 합니다. (除了…以外, …都)

➡ _____

❹ 신발 한 켤레 외에, 나는 청바지 한 벌을 더 샀습니다. (除了…以外, …还)

➡ _____

단어 阴 yīn 형 흐리다

게임으로 즐기는 중국어 퍼즐

◆ 빈칸에 들어갈 알맞은 한자를 써서 퍼즐을 완성하세요.

힌트

- 색깔
- 안색이 안 좋다
- 관심, 관심을 갖다
- 부득이, 할 수 없이

- 관계
- 짐을 정리하다
- 방법이 없다
- 조심하지 않다, 부주의하다

- 대략
- 어떻게 합니까?
- 성과가 크다

▶ 정답 → 221쪽

Track15-01

1 녹음을 듣고 내용과 일치하는 사진을 고르세요. 🎧

A 　　　B 　　　C

D 　　　E 　　　F

① 　　② 　　③ 　　④ 　　⑤

2 녹음을 듣고 제시된 문장과 내용이 일치하는지 ○×로 표시하세요. 🎧

① 他的朋友爱看韩国电影。 ☐

② 他的汉语越来越好了。 ☐

③ 他打算劳动节在家休息。 ☐

④ 爸爸戒烟成功了。 ☐

⑤ 他等了好几分钟，同学才到。 ☐

3 녹음을 듣고 질문에 알맞은 답을 고르세요. 🎧

① A 出差   B 旅游   C 寄包裹   D 看比赛

② A 半年多   B 几个月   C 一年多   D 不到一年

③ A 开车   B 打车   C 坐地铁   D 坐公共汽车

④ A 不想参加   B 恐怕会加班   C 有别的约会   D 要去看电影

⑤ A 脸色很好   B 钱包丢了   C 身份证被偷了   D 没找到图书馆

4 다음 밑줄 친 한자의 정확한 발음을 고르세요.

① 对不起，我现在没空。(kòng / kōng)

② 他喝不了三瓶啤酒。(le / liǎo)

③ 你明天得早点儿来。(de / děi)

④ 你什么时候把书还回去? (huán / hái)

5 다음 빈칸에 들어갈 알맞은 단어를 고르세요.

① 你明天(　　　　　)后天来吧。(或者 / 还是)

② 你刚才已经喝了两杯咖啡，怎么(　　　　　)喝? (再 / 又)

③ 今天的作业是读五(　　　　　)课文。(遍 / 次)

④ 我想(　　　　　)你去看电影。(把 / 请)

6 다음 빈칸에 공통으로 들어갈 알맞은 단어를 고르세요.

> **보기**
>
> A 别   B 点   C 对   D 应该   E 还是

❶ ☐ 我觉得你说得(   )。
　　　我(   )流行文化很感兴趣。

❷ ☐ 你们要(   )什么菜?
　　　这是一千块钱, 你(   )一下。

❸ ☐ 很近, 咱们(   )走去吧。
　　　他(   )像以前一样年轻。

7 다음 명사와 어울리는 양사끼리 연결하세요.

❶ 张 ·　　　　　　　　　　　· A 中国电影

❷ 部 ·　　　　　　　　　　　· B 自行车

❸ 件 ·　　　　　　　　　　　· C 倒霉事儿

❹ 句 ·　　　　　　　　　　　· D 卧铺票

❺ 辆 ·　　　　　　　　　　　· E 英语

8 다음 단어의 반의어를 쓰세요.

❶ 赢　➡ _____

❷ 担心　➡ _____

9 다음 중 틀린 문장을 고르세요.

① A 我看了一个小时书。　　B 他们等你半天了。
　 C 弟弟汉语半年学了。　　D 他听音乐听了一个小时。

② A 我把你看成你哥哥了。　B 他已经把蛋糕吃光了。
　 C 我把手机丢了。　　　　D 我把果汁儿没喝完。

③ A 下星期快要回国了。　　B 我哥哥就要结婚了。
　 C 好像快下雨了，回家吧。　D 夏天要到了，越来越热了。

10 서로 대화가 어울리는 것끼리 연결하세요.

① 你英语说得很流利吧?　　•　　•　A 这都是我应该做的。

② 你怎么不坐公交车?　　•　　•　B 那可不一定!

③ 我觉得中国队能赢。　　•　　•　C 刚开始不习惯，现在好多了。

④ 我敬您，谢谢您的帮助! •　　•　D 哪儿啊! 还差得远呢。

⑤ 北京的生活怎么样?　　•　　•　E 又挤又闷，我不想坐。

11 다음 그림에 알맞은 문장을 고르세요.

A 东民写作业的时候，王老师走进来了。

B 东民写作业的时候，王老师走出去了。

C 王老师走回来的时候，东民正在写作业呢。

D 王老师走进来的时候，东民正在写作业呢。

12 내용이 자연스럽게 연결되도록 문장을 배열하세요.

❶ A 他帅是帅
  B 不过连一句韩语也不会说
  C 我姐姐新交了一个中国男朋友

❷ A 而且还经常打篮球
  B 我是个篮球迷
  C 我不但喜欢看篮球比赛

13 다음 단문을 읽고 질문에 답하세요.

> 十几年以前，从北京到上海没有高铁，坐火车从北京到上海要十几个小时，慢的时候要二十几个小时。所以很多人买卧铺票，这样可以在火车上躺着休息。现在坐高铁从北京出发，（　　　　　），比以前快了不少。

❶ 빈칸에 들어갈 알맞은 문장을 고르세요.

  A 第二天就可以到上海了　　　　B 很多人选择晚上开的火车

  C 五个小时左右就能到上海　　　D 五个小时左右才能到上海

❷ 단문의 내용과 같은 것을 고르세요.

  A 卧铺票很难买

  B 从北京到上海坐飞机更快

  C 越来越多的人坐高铁旅游

  D 以前从北京到上海坐火车要很长时间

14 제시된 단어를 배열하여 문장을 만드세요.

❶ 回来 / 地 / 高高兴兴 / 了 / 儿子

➡ _____

❷ 他们 / 一 / 吵架 / 就 / 见面 / 俩

➡ _____

❸ 被 / 照相机 / 小王 / 走 / 你的 / 拿 / 了

➡ _____

❹ 别 / 就 / 什么 / 什么 / 客气 / 想 / 吃 / 吃

➡ _____

15 그림을 보고 제시된 단어를 사용하여 문장을 만드세요.

❶

熬夜
➡ _____

❷ 因为…所以…
➡ _____

▶ 정답 → 222쪽

정답 및 해석

1과 我是来学汉语的。
나는 중국어를 배우러 왔어요.

맛있는 회화 ➜28쪽

동민　나는 동민이라고 해. 중국어를 배우러 왔어.

룽룽　내가 추측하기에 너는 분명 한국인인 것 같아.

동민　네 추측이 맞아. 너는 중국인이지?

룽룽　그래. 나는 한국어를 배워.

동민　정말? 지금 중국에 한국어를 배우는 사람이 많아?

룽룽　점점 많아지고 있어.

동민　너는 한국어가 분명 매우 유창할 것 같은데?

룽룽　천만에! 나는 한국어를 잘 못해. 아직 멀었어.

동민　우리 앞으로 서로 도와주자.

맛있는 어법 ➜30~31쪽

1 ❶ 我是去年开始工作的。
　　나는 작년부터 일하기를 시작했어요.

　 ❷ 我是来找你的。
　　나는 당신을 찾으러 왔어요.

　 ❸ 他不是开车来的，是走来的。
　　그는 운전해서 온 것이 아니라, 걸어왔어요.

2 ❶ 超市里的东西越来越贵了。

　 ❷ 她越来越漂亮了。

　 ❸ 汉语越来越难了。

맛있는 이야기 해석 ➜32쪽

　동민이는 한국 유학생입니다. 그는 중국에 중국어를 배우러 왔습니다. 그는 중국 대학생 한 명을 알게 되었는데, 이름은 룽룽이라고 합니다. 그는 한국어를 전공하는 2학년 학생입니다.

　룽룽이는 동민이에게 많은 중국 젊은이들이 한국 대중음악을 듣고, 한국 드라마 보는 것을 좋아한다고 알려 주었습니다. 룽룽이는 지금 열심히 한국어를 공부합니다. 하지만 그는 자신의 한국어가 아직 그다지 유창하지 않다고 생각합니다. 그는 앞으로 한국으로 유학 갈 기회가 있기를 희망합니다.

맛있는 이야기 정답 ➜33쪽

1 ❶ 他是来中国学汉语的。

　 ❷ 他觉得自己的韩语说得还不太流利。

　 ❸ 他希望以后有机会去韩国留学。

2 ❶ ✕　东民是来中国工作的。

　 ❷ ○　龙龙是韩语专业二年级的学生。

　 ❸ ○　龙龙觉得自己的韩语说得不太好。

맛있는 듣기 ➜34~35쪽

STEP1　❶ A　　❷ C　　❸ B

STEP2

安娜	你好! 你是从哪儿来的?
迈克	我是从英国伦敦来的，我的中文名字叫迈克。
安娜	伦敦! 你是来中国做什么的?
迈克	我是来中国学汉语的。在伦敦说汉语的机会很少。
安娜	你在哪个学校学习?
迈克	北京大学。
安娜	太好了! 我也在北大学习，我们以后互相帮助吧。
迈克	好的。

안나	안녕! 너는 어디에서 왔니?
마이크	나는 영국 런던에서 왔어. 내 중국어 이름은 迈克(마이커)라고 해.
안나	런던! 너는 중국에 무엇을 하러 왔어?
마이크	나는 중국에 중국어를 배우러 왔어. 런던에서는 중국어를 말할 기회가 너무 적어.
안나	너는 어느 학교에서 공부하니?
마이크	베이징대학교.
안나	너무 잘됐다! 나도 베이징대학교에서 공부하거든. 우리 앞으로 서로 도와주자.
마이크	좋아.

연습 문제 →36~37쪽

1   동민이는 베이징대학교의 유학생으로, 한국에서 왔습니다. 동민이는 많은 중국 친구를 알게 되어서, 주말에 자주 친구들과 함께 베이징의 유명한 곳으로 놀러 갑니다. 동민이는 점점 베이징의 생활이 좋아집니다. 그는 여기에서 지내는 것이 매우 재미있다고 생각합니다.

2 ❶ D   ❷ A   ❸ B   ❹ C

3 ❶ 韩国学汉语的人越来越多了。
  ❷ 这是跟妈妈一起买的。
  ❸ 我是来工作的。
  ❹ 去中国留学的人越来越多了。

4 ❶ 我不是来玩儿的，是来学汉语的。
  ❷ 我是去年七月来北京的。
  ❸ 我(说)英语说得很流利。
  ❹ 来首尔学习的留学生越来越多了。

2과 我学了一年半汉语了。
나는 1년 반 동안 중국어를 배웠어요.

맛있는 회화 →40쪽

룽룽   너의 중국어 수준은 이렇게 높은데, 한국에서 배운 적 있니?

동민   조금 배웠어. 하지만 중국에 와서야 (비로소) 정식으로 배우기 시작했어.

룽룽   너는 중국에서 얼마 동안 배웠니?

동민   나는 1년 반 동안 중국어를 배웠어.

룽룽   중국어를 배우는 것은 어렵니, 어렵지 않니?

동민   막 시작했을 때는 어렵다고 느꼈어.

룽룽   그럼 지금은?

동민   비록 쉽지는 않지만, 지금은 중국 친구와 얘기할 수 있어서, 아주 재미있어.

맛있는 어법 →42~43쪽

1 ❶ 당신이 부친 물건은 모레가 되어야 (비로소) 도착할 수 있습니다.
  ❷ 겨우 10시인데, 먼저 커피 마시러 갑시다.

2 ❶ B   ❷ D

맛있는 이야기 해석 →44쪽

   동민이는 중국에서 중국어를 1년 반 동안 배웠습니다. 막 왔을 때, 그는 중국어를 한마디도 못했습니다. 지금은 이미 중국인과 얘기할 수 있게 되었습니다.

   동민이는 학교에서 열심히 공부하고, 매일 예습하고 복습합니다. 게다가 수업할 때, 그는 오직 중국어만 말하고, 한국어는 말하지 않습니다. 수업이 끝나면, 그는 자주 중국 친구와 얘기할 기회를 찾습니다.

   지금 동민이의 중국어 수준은 매우 많이 발전했습니다. 그는 비록 중국어를 배우는 것이 쉽지는 않지만, 매우 재미있다고 생각합니다.

맛있는 이야기 정답 →45쪽

1 ❶ 他在中国学了一年半了。
  ❷ 他刚来的时候，一句汉语也不会说。
  ❸ 他下课以后常常找机会和中国朋友说话。

2 ❶ ○ 东民刚来中国的时候，不会说汉语。
  ❷ ○ 东民上课的时候只说汉语，不说韩语。
  ❸ ✕ 现在东民的汉语水平进步不大。

맛있는 듣기 →46~47쪽

STEP1   ❶ A   ❷ C   ❸ B

정답 및 해석

STEP2

安娜	王老师，早上好！ 您每天早上都起得这么早吗？
老师	对，因为我早上要打太极拳。
安娜	您打太极拳打了多长时间了？
老师	已经十年了。
安娜	打太极拳有什么好处？
老师	以前我身体不好，打了十年的太极拳，现在好多了。
安娜	那我也要学打太极拳。
老师	太好了！

안나	왕 선생님, 좋은 아침이에요! 선생님은 매일 아침 이렇게 일찍 일어나세요?
선생님	그래. 왜냐하면 아침에 태극권을 해야 되거든.
안나	태극권을 하신 지 얼마나 되셨어요?
선생님	벌써 10년이 되었어.
안나	태극권을 하면 어떤 좋은 점이 있나요?
선생님	예전에는 내 건강이 좋지 않았는데, 10년 동안 태극권을 했더니, 지금은 많이 좋아졌어.
안나	그럼 저도 태극권을 배울래요.
선생님	너무 잘됐구나!

연습 문제 ➔48~49쪽

1   마이크는 영국 유학생으로, 중국에 온 지 곧 2년이 됩니다. 막 중국에 왔을 때, 그는 중국어를 한마디도 말하지 못했지만, 지금은 이미 중국인과 얘기할 수 있게 되었습니다. 마이크는 중국어를 배울 때 말을 하는 게 매우 중요하다고 말합니다. 부끄럽다고 생각하지 말고, 중국인과 말을 많이 해야 중국어가 더 빨리 발전한다고 합니다.

2 A 你工作多长时间了？
  B 我是去年十月才开始工作的，到现在工作八个月了。
  A 你的工作难不难？
  B 刚开始我觉得很难，不过现在已经习惯了。

3 ❶ 昨天我游泳游了两个小时。 또는
     我昨天游泳游了两个小时。
  ❷ 周末我常常跟中国朋友聊天儿。 또는
     我周末常常跟中国朋友聊天儿。
  ❸ 我只学了三个月的汉语。
  ❹ 她的韩语水平挺高的。

4 ❶ 刚开始我觉得没有意思。
  ❷ 今天晚上我们看了两个小时的电视。 또는
     今天晚上我们看电视看了两个小时。
  ❸ 王老师教汉语教了五年了。
  ❹ 飞机晚上八点才到。

3과 麻烦您请他接电话。
번거로우시겠지만 그에게 전화 좀 받아 달라고 해 주세요.

맛있는 회화 ➔52쪽

동민	여보세요, 룽룽 집이에요?
아주머니	그런데요. 누구시죠?
동민	저는 그의 친구 이동민이라고 해요. 번거로우시겠지만 그에게 전화 좀 받아 달라고 해 주세요.
아주머니	그는 지금 집에 없단다. 그의 핸드폰으로 걸어 보렴.
동민	그의 핸드폰 번호 좀 알려 주시겠어요?
아주머니	그의 핸드폰 번호는 130-1234-5678이란다.
동민	죄송하지만, 천천히 다시 한 번 말씀해 주시겠어요?
아주머니	그래.

맛있는 어법 ➜54~55쪽

1 ❶ 반드시 저한테 알려 주세요.

  ❷ 저는 당신에게 저녁을 대접하고 싶습니다.

3 ③

맛있는 이야기 해석 ➜56쪽

  동민이와 룽룽이는 이번 주 토요일에 함께 고궁에 갈 계획이었습니다. 그런데 주말에 동민이의 작은아버지가 갑자기 베이징으로 출장을 오게 되어서 그를 좀 보고 싶어 합니다. 그래서 동민이는 룽룽이에게 전화를 걸어 시간을 좀 바꾸고 싶었습니다.

  동민이가 전화했을 때, 룽룽이는 동민이를 이해해 주었습니다. 또한 그에게 베이징의 맛있고, 재미있는 곳을 추천해 주었습니다. 마지막으로 그들은 다음 주 주말에 다시 고궁에 가기로 정했습니다. 동민이는 룽룽이에게 매우 고마웠습니다.

맛있는 이야기 정답 ➜57쪽

1 ❶ 他来北京出差。

  ❷ 他想改一下时间。

  ❸ 他们说好下个周末再去故宫。

2 ❶ ○ 东民打电话的时候，龙龙很理解东民。

  ❷ ○ 龙龙给东民推荐了北京好吃、好玩儿的地方。

  ❸ × 龙龙的叔叔要去北京旅游。

맛있는 듣기 ➜58~59쪽

STEP1

❶ 迈克接的电话。

❷ 他出去了。

❸ 小英说得太快。

❹ 他们晚上七点在学校门口见。

STEP2

小英	喂，东民，我……
迈克	我不是东民，是迈克。您是哪位？
小英	我是小英。东民在吗？
迈克	他出去了。你找他有什么事儿？
小英	麻烦你转告他，今天晚上七点我在学校门口等他。
迈克	不好意思，你说得太快，我听不懂。请再说一遍，好吗？
小英	今天晚上七点我在学校门口等他。
迈克	没问题，我一定转告他。

샤오잉	여보세요. 동민아, 나…
마이크	저는 동민이가 아니라 마이크예요. 누구세요?
샤오잉	나 샤오잉이야. 동민이 있어?
마이크	그는 나갔어. 너는 무슨 일로 그를 찾아?
샤오잉	번거롭겠지만 그에게 오늘 저녁 일곱 시에 내가 학교 입구에서 그를 기다리겠다고 전해 줘.
마이크	미안한데, 너가 너무 빨리 말해서 나는 알아듣지 못하겠어. 다시 한 번 말해 줄래?
샤오잉	오늘 저녁 일곱 시에 내가 학교 입구에서 그를 기다리겠다고.
마이크	문제없어. 내가 반드시 그에게 전해 줄게.

연습 문제 ➜60~61쪽

1   동민이의 친한 친구도 중국에서 중국어를 배우지만, 동민이는 베이징에, 친구는 상하이에 있습니다. 그들은 오랫동안 만나지 못해서 동민이는 기차를 타고 상하이에 그를 보러 가고 싶습니다. 하지만 동민이는 기차표를 어떻게 사는지 몰라서 중국 친구에게 그를 도와 기차표를 사 달라고 부탁하고 싶습니다.

2 ❶ 您是哪位？

  ❷ 你的手机号(码)是多少？

  ❸ 喂，李先生在吗？

3 ❶ 我今天晚上请你们吃饭。
　 ❷ 麻烦您再说一遍。
　 ❸ 她高高兴兴地下班了。
　 ❹ 请你一定转告他。

4 ❶ 我常常给在韩国的妈妈打电话。
　 ❷ 你什么时候请我吃饭?
　 ❸ 这本书看了几遍，但是还看不懂。
　 ❹ 我们说好下个月再见。

你对足球感兴趣吗?
당신은 축구에 관심이 있나요?

맛있는 회화 ➜64쪽

샤오잉 너는 축구에 관심이 있니?

동민 나는 축구 보는 것을 좋아할 뿐만 아니라, 축구 하는 것도 좋아해.

샤오잉 그럼 너는 요즘 분명 월드컵을 보겠네?

동민 그렇고 말고! 오늘 저녁에 한국팀의 경기가 있어!

샤오잉 저녁에 나는 안나를 우리 집에 월드컵 보러 오라고 초대했어, 너도 와!

동민 좋아! 나는 오늘 경기에서 한국팀이 반드시 이길 수 있다고 생각하는데, 네 생각은?

샤오잉 꼭 그렇지는 않지!

맛있는 어법 ➜66~67쪽

1 ❶ 你对什么感兴趣?
　 ❷ 我对电影不感兴趣，你呢? [또는]
　　 我对电影没有兴趣，你呢?

2 ❶B　　　❷A　　　❸C

맛있는 이야기 해석 ➜68쪽

　동민이는 축구광입니다. 그는 축구 보는 것을 좋아할 뿐만 아니라, 축구 하는 것도 좋아합니다. 그는 학교의 축구팀에도 가입했습니다. 매일 수업이 끝나면 운동장에 가서 축구를 합니다.

　요즘 월드컵 경기가 진행 중입니다. 그는 자주 밤새도록 현장 생중계를 봅니다. 오늘 저녁은 한국팀 대 이탈리아팀의 경기입니다. 동민이는 이번에 한국팀이 이탈리아팀을 이길 수 있기를 바랍니다.

맛있는 이야기 정답 ➜69쪽

1 ❶ 他喜欢足球。
　 ❷ 他每天下课以后都去操场踢球。
　 ❸ 今晚有韩国队对意大利队的比赛。

2 ❶ ✕ 东民只喜欢看球，不喜欢踢球。
　 ❷ 〇 最近有世界杯比赛，东民常常熬夜看现场直播。
　 ❸ ✕ 东民希望意大利队赢。

맛있는 듣기 ➜70~71쪽

STEP1　❶ ✕　❷ 〇　❸ ✕　❹ 〇

STEP2

东民	你还在看电影吗? 你真是个影迷。
安娜	东民，那你呢? 不是足球迷吗? 天天看球赛。
东民	看足球比赛多有意思啊!
安娜	那你踢得怎么样?
东民	还好。安娜，你有没有别的爱好?
安娜	我还喜欢跳舞、唱歌儿。你呢?
东民	我最大的爱好是旅行。如果有钱、有时间，我就去旅行。

동민 너는 아직도 영화를 보고 있어? 너는 정말 영화광이구나.

안나 동민, 그러는 너는? 축구광 아냐? 매일 축구 경기 보잖아.

동민 축구 경기 보는 게 얼마나 재미있는데!

안나 그럼 너의 축구(실력)는 어때?

동민 그런대로 괜찮아. 안나, 너는 다른 취미가 있니, 없니?

안나 나는 춤추고 노래하는 것도 좋아해. 너는?

동민 내가 가장 좋아하는 취미는 여행이야. 돈이 있고 시간이 있으면, 나는 바로 여행을 가.

연습 문제 ➔72~73쪽

1 마이크는 야구광입니다. 그는 집에서 야구 경기를 볼 뿐만 아니라, 경기를 보러 야구장에도 자주 갑니다. 그러나 마이크의 여자 친구는 야구에 흥미가 없습니다. 그녀의 취미는 쇼핑입니다. 친구들은 모두 그들 둘이 그다지 어울리지 않는다고 생각합니다.

2 ❶ A 你弟弟对太极拳感兴趣吗?
   B 他不但喜欢打太极拳，而且打得很好。

   ❷ A 今晚有韩国队的比赛，你看吗?
   B 那还用说! 一起看吧!
   A 我觉得韩国队能赢。
   B 那可不一定!

3 ❶ 他不但喜欢唱歌儿，而且唱得不错。
   ❷ 你对传统武术感兴趣吗?
   ❸ 他还加入了学校的篮球队。
   ❹ 我弟弟是个车迷。

4 ❶ 他不但喜欢打篮球，而且喜欢看篮球比赛。
   ❷ 好看的(东西)不一定好吃。
   ❸ 他常常熬夜做作业。
   ❹ 我对世界杯不感兴趣。

5과 对不起，我恐怕去不了。
미안해요. 나는 아마 못 갈 것 같아요.

맛있는 회화 ➔76쪽

룽룽 오늘 저녁에 너는 시간 있니? 나는 너한테 영화를 보여 주고 싶은데.

동민 미안. 나는 아마 못 갈 것 같아.

룽룽 어째서?

동민 나는 저녁에 중요한 약속이 있거든.

룽룽 그럼 언제 시간이 있는데?

동민 모레 저녁에. 좋은 영화가 뭐 있어?

룽룽 요즘 아주 재미있는 중국 영화가 하나 있어.

동민 그런데 영화에 나오는 대화가 너무 빨라서 나는 아마 못 알아들을걸.

룽룽 걱정 마. 중국 영화에도 중국어 자막이 있으니까, 너는 보고 이해할 수 있을 거야.

맛있는 어법 ➔78~79쪽

1 ③

2 ❶ 吃不了   ❷ 去得了

3 ❶ 나는 그가 이길 것이라고 생각합니다.(가능성을 나타냄)
   ❷ 그는 요리를 할 줄 알 뿐만 아니라, 게다가 맛있게 만듭니다.(능력을 나타냄)

맛있는 이야기 해석 ➔80쪽

  동민이는 중국 영화를 매우 좋아합니다. 요즘 영화관에서는 마침 새 영화를 하나 상영하고 있습니다. 룽룽이는 표를 두 장 사서 동민이에게 같이 보자고 합니다.

  동민이는 한국에서는 자주 중국 영화를 봤지만, 중국에 온 이후로는 한 번도 영화관에 가 본 적이 없습니다. 동민이가 예전에 본 중국 영화는 모두 한국어 자막이 있어서 당연히 보고 이해할 수 있었습니다. 그러나 이 영화는 한국어 자막이 없어서 아마도 알아듣지도 보고 이해하지도 못할 것 같습니다. 룽룽이는 동민이에게 이 영화는 중국어 자막이 있어서 분명히 문제없을 거라고 알려 주었습니다.

정답 및 해석

맛있는 이야기 정답 ➜81쪽

1 ❶ 他在中国没去过电影院。[또는]
一次也没去过。

❷ 那部电影没有韩语字幕。

❸ 那部电影有中文字幕。

2 ❶ ○ 龙龙想请东民看电影。

❷ ✕ 这部电影有韩语字幕，所以东民
看得懂。

❸ ✕ 东民来中国以后，去过几次电影
院。

맛있는 듣기 ➜82~83쪽

STEP1 ❶ ○ ❷ ✕ ❸ ✕ ❹ ○

STEP2

安娜	喂，东民!
东民	喂？喂？安娜，你声音大点儿，我听不见。
安娜	喂，听得见吗？
东民	现在听得见了。安娜，你有事儿吗？
安娜	今天晚上跟我一起去看京剧，好吗？
东民	我恐怕去不了，因为我听不懂。
安娜	没关系，我也听不懂。但是听说演员的服装特别美，而且音乐也特别好听。
东民	那咱们去看看吧。

안나	여보세요, 동민아!
동민	여보세요? 여보세요? 안나, 너 목소리 좀 크게 해 줘, 안 들려.
안나	여보세요, 들리니?
동민	지금은 들려. 안나, 무슨 일이야?
안나	오늘 저녁에 나와 함께 경극 보러 갈래?
동민	나는 아마 못 갈 것 같아. 왜냐하면 나는 알아듣지 못하거든.

안나	괜찮아. 나도 못 알아들어. 하지만 듣자 하니 배우의 의상이 굉장히 아름다운 데다가, 음악도 무척 듣기 좋대.
동민	그럼 우리 보러 가자.

연습 문제 ➜84~85쪽

1 샤오잉은 평소 마트에 쇼핑하러 갈 시간이 없어서, 자주 인터넷에서 삽니다. 오늘은 많은 물건들이 할인하고 있어서 매우 쌉니다. 샤오잉은 간식 먹는 것을 좋아해서, 맛있는 간식을 많이 샀습니다. 그런데 그녀는 너무 많이 사서 한 달 동안에도 다 먹을 수 없습니다. 그래서 샤오잉은 안나에게 조금 선물해 주고 싶습니다. 그녀가 좋아하길 바랍니다.

2 ❶ B ❷ D ❸ C ❹ A

3 ❶ 他会给我打电话的。[또는]
他会打电话给我的。

❷ 那部美国电影很有意思。

❸ 恐怕明天要下雪。[또는]
明天恐怕要下雪。

❹ 你一个人吃得了吗？

4 ❶ 这么多的书，今天晚上看不完。

❷ 菜太多了，我一个人吃不了。

❸ 黄山太高了，我恐怕爬不了。

❹ 明天晚上会下雨，我要在家做作业。

我一喝酒就脸红。
나는 술만 마시면 얼굴이 빨개져요.

맛있는 회화 →88쪽

종업원 무슨 요리를 주문하시겠습니까?

동민 위샹뤄쓰 하나와 탕추위 하나요.

안나 오늘은 내가 한턱낼게, 사양하지 마!
쏸라탕 하나 더 시키는 거 어때?

동민 쏸라탕은 주문하지 마. 쏸라탕은 내 입맛에
안 맞아.

안나 우리 뭐 좀 마실까?

동민 맥주 마시자. 종업원, 칭다오 맥주 두 병 주
세요.

안나 안 돼. 나는 술만 마시면 얼굴이 빨개지고,
머리가 아파. 나는 과일 주스를 마실래.

동민 그래! 그럼 나도 과일 주스를 마실게.

맛있는 어법 →90~91쪽

1 ❶ 자, 그러면 ❷ 대동사 ❸ 오다
3 ❶ 我一回头就看见他了。
  ❷ 他每天一回家就做饭。

맛있는 이야기 해석 →92쪽

안나는 오늘 아르바이트 급여를 받아서 아주 기쁩니다. 그래서 그녀는 동민이에게 밥을 사려고 합니다. 학교 근처에 새로 문을 연 식당이 있는데, 모두들 맛있고 싸다고 말합니다. 그녀는 거기로 가서 한턱내기로 결정했습니다.

그들은 위샹뤄쓰 하나와 탕추위 하나를 주문했습니다. 원래 동민이는 맥주를 마시고 싶었지만, 안나가 술을 못 마셔서 그들은 과일 주스를 마셨습니다. 오늘 그들은 매우 즐겁게 먹었습니다.

맛있는 이야기 정답 →93쪽

1 ❶ 她今天拿到了打工的工资。
  ❷ 她决定去学校附近新开的那家饭馆
  儿吃饭。
  ❸ 安娜不会喝酒。

2 ❶ ○ 安娜拿到了打工的工资，所以要
    请客。
  ❷ ○ 那家饭馆儿不但便宜，而且好吃。
  ❸ × 安娜一喝酒就想睡觉。

맛있는 듣기 →94~95쪽

STEP1

❶ × → 这家饭馆儿的菜又好吃又便宜。
❷ × → 小英一看菜单就头疼。
❸ ○

STEP2

龙龙	这家饭馆儿的菜又好吃又便宜。 小英，这是菜单，你喜欢吃什么？
小英	我一看菜单就头疼。龙龙，你来点吧。
龙龙	行，我来点。我想吃韩式炒饭。
小英	韩式炒饭味道怎么样？腻不腻？
龙龙	挺好吃的，一点儿也不腻，就是有点儿辣。
小英	没关系，辣的合我的口味。我还想吃甜的菜。
龙龙	糖醋鱼怎么样？这儿的糖醋鱼味道不错，你肯定会喜欢。

룽룽	이 식당의 음식은 맛있고 싸. 샤오잉, 이건 메뉴판이야. 너는 뭐 먹는 걸 좋아하니?
샤오잉	나는 메뉴판만 보면 머리가 아파. 룽룽, 네가 주문해.
룽룽	좋아, 내가 주문할게. 나는 한국식 볶음밥이 먹고 싶어.
샤오잉	한국식 볶음밥 맛이 어때? 느끼해, 안 느끼해?
룽룽	아주 맛있어. 하나도 느끼하지 않은데, 단지 약간 매워.
샤오잉	괜찮아. 매운 건 내 입맛에 맞아. 나는 단 음식도 먹고 싶어.
룽룽	탕추위는 어때? 여기 탕추위는 맛이 좋아. 네가 분명히 좋아할 거야.

연습 문제 ➜96~97쪽

1 　오늘 중국 친구가 동민이에게 밥을 샀습니다. 친구는 많은 중국 음식을 주문했습니다. 이 요리들은 모두 동민이의 입맛에 맞고 맛있었지만, 단지 약간 느끼했습니다. 그들은 중국 배갈도 한 병 마셨습니다. 그들은 오늘 굉장히 즐겁게 먹었습니다.

2 A 今天我请客，别客气!
　　这是菜单，你点菜吧。

　 B 好。来一个鱼香肉丝和一个酸辣汤怎么样?

　 A 好，酸辣汤又酸又辣，很合我的口味。

　 B 喝点儿什么?

　 A 啤酒吧。

3 ❶ 他一喝酒就想睡觉。
　❷ 你点菜点得太多了。
　❸ 你别说话了。
　❹ 服务员，来两杯茶。

4 ❶ 我不会点中国菜。
　❷ 弟弟一看书就头疼。
　❸ 韩国辛奇太辣，不合我的口味。
　❹ 别吃太咸的，咸的对身体不好。

高铁票卖光了。
가오티에(고속 열차)표는 다 팔렸어요.

맛있는 회화 ➜100쪽

안나　말씀 좀 묻겠습니다. 항저우로 가는 가오티에표 있나요?

매표원　며칠 것을 원하세요?

안나　5월 1일이요.

매표원　가오티에표는 다 팔렸어요. 둥처표만 있어요.

안나　둥처를 타면 항저우까지 얼마나 걸리나요?

매표원　열세 시간 정도요. 저녁 7시에 출발해요.

안나　그럼 둥처 탈게요. 침대칸표가 있나요, 없나요?

매표원　있어요. 당신의 여권을 보여 주세요.

맛있는 어법 ➜102~103쪽

1 ❶ 다 팔아 버리다　❷ 다 마셔 버리다
　❸ 다 써 버리다

3 ❶ A　　　　❷ B　　　　❸ C

맛있는 이야기 해석 ➜104쪽

　안나는 중국에 온 이후, 줄곧 여행 갈 시간이 없었습니다. 모레는 노동절이어서 학교가 3일 동안 방학을 합니다. 그녀는 방학을 이용하여 항저우로 여행 갈 생각입니다.

　안나는 아직 중국의 가오티에를 타 본 적이 없어서, 가오티에를 타고 가기로 결정했습니다. 오늘 그녀가 기차역에 가서 표를 살 때 매표원은 그녀에게 가오티에표는 이미 다 팔렸고 둥처표만 있다고 알려 주었습니다. 결국 안나는 항저우에 가는 둥처 침대칸표 한 장을 샀습니다.

맛있는 이야기 정답 ➜105쪽

1 ❶ 劳动节学校放三天假。
　❷ 她还没坐过中国的高铁。
　❸ 高铁票都卖光了。

2 ❶ ✕　安娜来中国以后，常常去旅游。

❷ ○ 安娜打算劳动节去杭州旅游。

❸ × 安娜买了一张去杭州的高铁卧铺票。

맛있는 듣기 ➔106~107쪽

STEP1

❶ 他三十号去上海。

❷ 十二个小时左右。

❸ 他买了一张动车二等卧铺票。

STEP2

> 龙龙　我要一张三十号去上海的火车票。
>
> 售票员　你要动车票还是高铁票?
>
> 龙龙　动车票。动车要多长时间?
>
> 售票员　十二个小时左右。
>
> 龙龙　有晚上七点左右开的动车吗?
>
> 售票员　有。你要坐票还是卧铺票?
>
> 龙龙　我要一张二等卧铺票。
>
> 售票员　好，请稍等。

룽룽　30일에 상하이로 가는 기차표 한 장 주세요.
매표원　둥처표를 원하세요, 아니면 가오티에표를 원하세요?
룽룽　둥처표요. 둥처는 얼마나 걸리나요?
매표원　열두 시간 정도요.
룽룽　저녁 7시쯤에 출발하는 둥처 있어요?
매표원　있어요. 좌석표를 원하세요, 아니면 침대칸표를 원하세요?
룽룽　이등석 침대칸표 한 장 주세요.
매표원　네, 잠시만 기다리세요.

연습 문제 ➔108~109쪽

1　　동민이는 국경절에 상하이에 친구를 찾아가 놀고 싶습니다. 10월 1일 비행기표는 모두 다 팔려서 동민이는 가오티에를 타고 갈 계획입니다. 베이징에서 가오티에를 타고 상하이까지 가는 데 여섯 시간이 채 걸리지 않아 매우 빠르고 편안합니다. 동민이는 10월 1일 아침 8시에 출발하는 가오티에표 한 장을 샀습니다.

2　A 我要一张十五号去北京的高铁票。
　　B 你要几点的?
　　A 上午十点左右的。
　　B 十点十分开的，行吗?
　　A 行。到北京多长时间?
　　B 五个小时左右。

3　❶ 他的新书都卖光了。
　　❷ 昨晚睡了十个小时左右。
　　❸ 让我看一下你的手。
　　❹ 有去青岛的火车票吗?

4　❶ 别让他进去。
　　❷ 我想趁着周末好好儿休息。
　　❸ 下个周末去上海的飞机票都卖光了。
　　❹ 放假的时候，我打算去旅行一个星期左右。

퍼즐 ➔110쪽

猜	越	互	踢	部	接	现
地	来	越	遍	别	相	场
那	还	队	感	兴	趣	直
合	用	客	恐	让	光	播
约	说	售	铁	聊	天	儿
行	字	票	员	水	平	式

2　感兴趣 흥미를 느끼다, 관심을 갖다

3　售票员 매표원

4　聊天儿 한담하다, 이야기하다

5　那还用说 말할 것도 없다, 그렇고 말고

6　现场直播 현장 생중계

정답 및 해석

8과 这儿可以刷卡吗?
이곳에서 카드를 사용할 수 있나요?

맛있는 회화 ➜ 112쪽

마이크 말씀 좀 묻겠습니다. 이곳에서 카드를 사용할 수 있나요?

판매원 이곳에서는 카드를 사용할 수 없고, 현금만 사용할 수 있어요.

마이크 런민비는 없고 달러만 있는데요, 어떻게 하죠?

판매원 맞은편에 중국은행이 있어요. 그곳에 가서서 환전하세요.

(중국은행에서)

마이크 안녕하세요. 저는 달러를 런민비로 환전하려고 하는데요.

직원 얼마나 바꾸실 건가요?

마이크 200달러요. 오늘의 환율은 얼마인가요?

직원 1 : 6.50이에요. 이 표를 좀 작성해 주세요. 여기 1300위안입니다. 세어 보세요.

맛있는 이야기 해석 ➜ 116쪽

마이크는 쇼핑하는 것을 매우 좋아합니다. 오늘 그는 쇼핑할 때 매우 멋진 청바지를 보고는 굉장히 사고 싶었습니다. 그런데 그는 계산할 때 런민비가 없고 달러만 있다는 것을 알았습니다. 그래서 마이크는 카드를 사용하려고 했는데, 판매원은 카드를 사용할 수 없고, 현금만 받는다고 알려 주었습니다. 어쩔 수 없이, 그는 맞은편의 중국은행에 가서 환전할 수밖에 없었습니다.

아이고, 오늘 마이크는 또 돈을 썼습니다!

맛있는 이야기 정답 ➜ 117쪽

1 ❶ 他想买一条牛仔裤。
   ❷ 他发现没有人民币，只有美元。
   ❸ 他去对面的中国银行换钱了。

2 ❶ ✕ 迈克不太喜欢买东西。
   ❷ ✕ 那家商店可以刷卡。

❸ ○ 迈克结账的时候发现没有人民币。

맛있는 듣기 ➜ 118~119쪽

STEP1 ❶ B   ❷ B   ❸ C

STEP2

东民	你好，我要换钱。
职员	您要怎么换？
东民	我想把韩币换成人民币。今天的汇率是多少？
职员	1:167。请填一下这张表。
东民	这样填行吗？
职员	行。
东民	这是十万韩币。
职员	这是五百九十八块人民币。

동민	안녕하세요. 저는 환전하려고 하는데요.
직원	어떻게 바꾸실 거예요?
동민	한화를 런민비로 바꾸려고 해요. 오늘의 환율은 얼마예요?
직원	1 : 167이에요. 이 표를 좀 작성해 주세요.
동민	이렇게 쓰면 되나요?
직원	네.
동민	여기 한화 10만 원이요.
직원	여기 런민비 598위안이에요.

연습 문제 ➜ 120~121쪽

1 요 몇 년 동안 런민비의 환율이 점점 높아졌습니다. 듣자 하니 예전에 한화 만 원은 런민비 80위안으로 바꿀 수 있었다고 합니다. 하지만 지금은 50여 위안 정도로만 바꿀 수 있다고 합니다. 동민이는 유학생들의 생활이 정말 예전만큼 쉽지 않다고 생각했습니다. 그는 앞으로 돈을 함부로 쓰지 않기로 결정했습니다.

2 ❶ 这儿可以刷卡吗？
   ❷ 我要把韩币换成人民币。
   ❸ 今天的汇率是多少？

3 ❶ 这儿可以换钱吗？
　 ❷ 奶奶现在还不能走。[또는]
　　 现在奶奶还不能走。
　 ❸ 我想把沙发换成新的。
　 ❹ 我来点一下人数。

4 ❶ 这件衣服可以试穿吗？
　 ❷ 没有护照不能换钱。
　 ❸ 你能帮我点一下人数吗？
　 ❹ 我想把人民币换成日元。

 抽烟对身体不好。
담배를 피우는 것은 건강에 좋지 않아요.

맛있는 회화 ➜124쪽

샤오잉　너 또 담배 피웠지? 나는 담배 냄새가 정말
　　　　싫어.
동민　　정말 미안해.
샤오잉　담배를 피우는 건 건강에 좋지 않아. 조금
　　　　만 피워!
동민　　아이고, 또 시작이네. 너는 이미 엄청 여러
　　　　번 말했어.
샤오잉　만일 네가 담배를 끊는다면, 나는 더 이상
　　　　말하지 않을 거야.
　　　　참, 우리 어제 사 온 케이크는?
동민　　내가 벌써 다 먹었어.
샤오잉　뭐? 너 혼자 다 먹었다고?

맛있는 어법 ➜126～127쪽

1 ❶ 再　　❷ 又　　❸ 又 / 再
3 ❶ 过来　❷ 下去　❸ 回来

맛있는 이야기 해석 ➜128쪽

　동민이는 중국에서 여자 친구를 한 명 사귀었는
데, 이름은 샤오잉입니다. 그들 둘은 서로 도와주
며 사이가 굉장히 좋습니다.

　샤오잉은 동민이가 잘생겼고 똑똑하며, 성격도
좋다고 생각합니다. 그러나 그에게 나쁜 습관이 하
나 있는데, 바로 담배 피우는 것을 좋아한다는 점
입니다. 샤오잉은 담배 냄새를 아주 싫어합니다. 그
녀는 담배 냄새를 맡자마자 바로 머리가 아픕니다.
그래서 그들 둘은 항상 담배 피우는 것 때문에 말
다툼을 합니다.

　동민이는 예전에 담배를 끊어 봤지만, 모두 성공
하지 못했습니다. 샤오잉은 마음속으로 동민이가
담배를 끊을 수 있다면 얼마나 좋을까 생각합니다.

맛있는 이야기 정답 ➜129쪽

1 ❶ 她觉得东民又帅又聪明，性格也很好。
　 ❷ 他爱抽烟。
　 ❸ 她希望东民把烟戒了。

2 ❶ ✕　小英觉得东民不但很聪明，而且
　　　　很有钱。
　 ❷ ○　小英一闻烟味儿就头疼。
　 ❸ ○　东民以前戒过烟，但是没成功。

맛있는 듣기 ➜130～131쪽

STEP1

❶ 最近天气越来越热了。
❷ 他想吃冰激凌。
❸ 她要减肥。
❹ 她最近又胖了。

STEP2

东民　最近天气越来越热了。小英，
　　　今天多少度？
小英　三十二度。

东民 我们吃冰激凌吧，我昨天买回来了冰激凌。

小英 你又吃冰激凌？我要减肥，不吃。

东民 你哪儿胖啊？而且减肥对身体不好。

小英 我最近又胖了。东民，你一点儿也不关心我。

东民 要是你真不吃，我就自己吃了。

동민 요즘 날씨가 점점 더워지네. 샤오잉, 오늘 몇 도야?

샤오잉 32도.

동민 우리 아이스크림 먹자. 내가 어제 아이스크림 사 왔어.

샤오잉 너는 또 아이스크림을 먹니? 나는 다이어트 해야 돼. 안 먹어.

동민 네가 어디가 뚱뚱하다고? 게다가 다이어트는 건강에 안 좋아.

샤오잉 나 요즘 또 살쪘어. 동민, 너는 나한테 조금도 관심이 없구나.

동민 만약 너 진짜 안 먹으면, 나 혼자 먹을게.

연습 문제 ➜ 132~133쪽

1 안나는 중국에서 남자 친구를 한 명 사귀었습니다. 그는 똑똑하고 자상합니다. 하지만 그녀의 남자 친구는 나쁜 습관이 하나 있는데, 바로 항상 늦게 온다는 점입니다. 매번 안나와 만나기로 할 때, 안나는 늘 오랫동안 기다려야 합니다. 안나는 만약에 그가 또다시 늦게 오면 그와 헤어질 거라고 생각합니다.

2 ❶ C   ❷ D   ❸ A   ❹ B

3 ❶ 我一个人都喝光了。
   ❷ 他又没来上课。
   ❸ 我得把书还回去。
   ❹ 要是放假就好了。

4 ❶ 大家明天把作业带来。
   ❷ 喝酒对身体不好。
   ❸ 他昨天来看我了，今天又来了。
   ❹ 我想再喝一杯茶。

10과 你还是打车去吧。
당신은 택시를 타고 가는 게 좋겠어요.

맛있는 회화 ➜ 136쪽

동민 왕푸징호텔 어떻게 가니?

룽룽 곧장 앞으로 가. 약 20분 정도 걸으면 바로 도착해.

동민 너무 멀어. 지하철을 타고 갈 수 있니?

룽룽 되기는 되는데, 지하철을 타면 차를 갈아타야 해.

동민 갈아타야 한다고? 너무 번거롭네!

룽룽 그럼 버스를 타고 가.

동민 버스는 붐비고 답답해. 안에 타고 있으면 너무 괴로워.

룽룽 그럼 방법이 없네. 너는 택시를 타고 가는 게 좋겠어.

맛있는 어법 ➜ 138~139쪽

1 ❶ 这部电影有意思是有意思，不过对话太快了。
   ❷ 韩国辛奇好吃是好吃，不过太辣了。

4 ❶ 여전히   ❷ ~하는 편이 좋다   ❸ 아니면

맛있는 이야기 해석 ➜ 140쪽

오늘 동민이는 왕푸징호텔에서 모임이 하나 있습니다. 이번은 그가 처음으로 그곳에 가는 것이어서 어떻게 가는지 모릅니다. 그래서 그는 룽룽이에게 물어보았습니다. 룽룽이는 그에게 버스, 지하철을 타거나 걸어갈 수 있다고 알려 주었습니다.

동민이는 걸어가기에는 너무 멀다고 생각합니다. 지하철을 타면 차를 갈아타야 해서 매우 번거롭습니다. 버스를 타면 너무 붐비고 답답해서 매우 괴롭습니다. 어쩔 수 없이, 결국 동민이는 택시를 타고 가는 수밖에 없습니다.

맛있는 이야기 정답 ➜141쪽

1 ❶ 他在那儿有一个聚会。
  ❷ 可以坐公交车、地铁或者走路去。
  ❸ 他觉得坐公交车又挤又闷，很难受。

2 ❶ ○ 东民以前没去过王府井饭店。
  ❷ ○ 东民向龙龙打听怎么去王府井饭店。
  ❸ × 地铁站太远，东民觉得很麻烦。

맛있는 듣기 ➜142~143쪽

STEP1 ❶ C ❷ B ❸ B

STEP2

东民	请问，去国家图书馆怎么走？
行人	你先坐302路公交车，坐三站就到了。
东民	车站离这儿远不远？
行人	不远，走十分钟就到了。
东民	不好意思，到车站怎么走？
行人	你先过马路，然后一直往前走，到新华书店往右拐。
东民	谢谢。
行人	不客气。

동민 말씀 좀 묻겠습니다. 국가도서관에 어떻게 가요?
행인 우선 302번 버스를 타고, 세 정거장을 가면 바로 도착해요.
동민 정류장은 여기에서 멀어요, 안 멀어요?
행인 멀지 않아요, 10분 걸으면 바로 도착해요.
동민 죄송하지만, 정류장에 어떻게 가요?
행인 먼저 길을 건넌 후에, 곧장 앞으로 가다가 신화서점에 도착해서 우회전하세요.

동민 감사합니다.
행인 별말씀을요.

연습 문제 ➜144~145쪽

1 동민이는 프랑스 친구 한 명을 알게 되었는데, 그는 칭화대학교에서 중국어를 배웁니다. 오늘 동민이는 칭화대학교에 놀러 가는데, 길을 모릅니다. 동민이는 할 수 없이 룽룽이에게 전화를 걸어 칭화대학교에 어떻게 가는지 물어 봅니다. 룽룽이는 동민이에게 칭화대학교는 베이징대학교에서 그다지 멀지 않으니 택시를 타고 가는 게 빠르고 편하다고 알려 줍니다.

2 ❶ C ❷ D ❸ A ❹ B

3 ❶ 好看是好看，不过太贵了。
  ❷ 大概走十分钟就到了。
  ❸ 去那儿的火车票很难买。 [또는]
    很难买去那儿的火车票。
  ❹ 你还是好好儿休息吧。

4 ❶ 北京的地铁方便是方便，不过人太多了。
  ❷ 我的女朋友好看是好看，但是个子太高了。
  ❸ 暑假的时候我得回国。
  ❹ 这家饭馆儿的菜又贵又难吃。

정답 및 해석

 11과 自行车被小偷儿偷走了。
도둑에게 자전거를 도둑맞았어요.

맛있는 회화 →148쪽

동민 너의 안색이 왜 이렇게 안 좋아?

안나 말도 마. 나는 오늘 정말 재수가 없어.

동민 왜 그래?

안나 내 지갑을 조심하지 않아서 잃어버렸어.
　　 나는 요즘 재수 없는 일을 여러 번 당했어.

동민 또 무슨 재수 없는 일이 있었어?

안나 자전거 한 대를 막 샀는데, 바로 도둑에게 도
　　 둑맞았어.

동민 너 요즘 정말 운이 없구나!

맛있는 어법 →150~151쪽

2 ❶ 우리는 요리를 여러 개 주문했습니다.
　 ❷ 나는 당신의 고향에 매우 가 보고 싶습니다.

3 ❶ 咖啡被我喝了。
　 ❷ 椅子被你的同学拿走了。

맛있는 이야기 해석 →152쪽

　동민이는 도서관에서 우연히 안나를 만났습니다. 안나의 안색이 매우 안 좋아 마치 무슨 일이 생긴 것 같았습니다. 안나는 요즘 자신이 재수가 너무 없다고 말했습니다. 오늘 오전에 그녀는 상점을 거닐 때 조심하지 않아서 지갑을 잃어버렸습니다. 게다가 어제 식당에서 밥을 먹을 때 새로 산 자전거가 없어졌는데, 도둑에게 도둑맞았습니다.

　동민이는 마음속으로 정말 '설상가상이구나!'하고 생각했습니다.

맛있는 이야기 정답 →153쪽

1 ❶ 她的脸色很不好。
　 ❷ 她的钱包是今天上午逛商店的时候
　　 丢的。
　 ❸ 她的自行车被小偷儿偷了。

2 ❶ ○ 安娜的脸色不好，好像出了什么
　　 事儿。
　 ❷ ✕ 安娜坐公交车的时候，钱包丢了。
　 ❸ ○ 安娜新买的自行车也不见了。

맛있는 듣기 →154~155쪽

STEP1

❶ ✕ → 上个星期天东民被一辆出租车
　　 撞了。

❷ ○

❸ ✕ → 东民去黄山玩儿的时候，下大
　　 雨了。

❹ ✕ → 东民最近运气很不好。

STEP2

安娜	东民，你的腿怎么了？
东民	上个星期天我骑车去商店的时候，被一辆出租车撞了。不过现在已经好多了。
安娜	你上次去黄山玩儿得怎么样？
东民	别提了。我们出发的时候天气很好，可是一到那儿就下大雨了，而且我们没带雨伞，都感冒了。
安娜	你运气真不好啊！对了，你最近学习还好吧？
东民	唉，我今天还被老师骂了一顿。

안나 동민, 너 다리는 어떻게 된 거야?

동민 지난주 일요일에 자전거를 타고 상점에 가다가 택시에 치였어. 그런데 지금은 이미 많이 좋아졌어.

안나 너 지난번에 황산에 놀러 간 건 어땠어?

동민 말도 마. 우리가 출발할 때는 날씨가 좋았는데, 도착하자마자 비가 많이 내리는 거야. 게다가 우리는 우산도 가져가지 않았거든. 그래서 모두 감기에 걸렸어.

안나 운이 정말 나빴구나! 참, 요즘 공부는 괜찮아?

동민 에이, 나는 오늘 또 선생님한테 혼났어.

1 　동민이는 요즘 재수 없는 일을 여러 번 당했습니다. 그저께 그는 길을 걸을 때 오타바이에 치였습니다. 다리를 다쳤을 뿐만 아니라, 새로 산 핸드폰도 망가졌습니다. 오늘 집으로 돌아올 때는 갑자기 비가 많이 내렸는데, 동민이는 우산을 가져오지 않아서 비에 젖었습니다. 정말 재수가 없었습니다.

2 　❶ C 　　❷ A 　　❸ B 　　❹ D

3 　❶ 我在香港买了好几条裤子。
　　❷ 香蕉已经熟透了。
　　❸ 我在超市丢了一个钱包。
　　❹ 手机被我放在办公室了。

4 　❶ 我的照相机没被偷。
　　❷ 我不小心把手机丢了。
　　❸ 那本词典被朋友借走了。
　　❹ 我有好几个中国朋友。

我等你等了半天了。
나는 당신을 한참 동안 기다렸어요.

맛있는 회화 ➔160쪽

샤오잉　너는 왜 이제서야 오니?
　　　　나는 너를 한참 동안 기다렸단 말이야.
동민　　정말 미안해, 오래 기다리게 해서.
　　　　길에 차가 막혀서 늦었어.
샤오잉　네가 좀 일찍 나왔어야지!
동민　　나는 7시에 바로 나왔는데, 길에서 30분이나 막혔어.
샤오잉　그랬구나!
동민　　우리 빨리 가자. 베이하이공원은 여기서 얼마나 멀어?

샤오잉　안 멀어. 차를 타고 30분 정도면 바로 도착해.

맛있는 어법 ➔162∼163쪽

1 　❶ 才 　　❷ 就 　　❸ 才

맛있는 이야기 해석 ➔164쪽

　요 며칠 베이하이공원에 꽃이 매우 아름답게 피었습니다. 샤오잉은 동민이와 함께 꽃을 보러 갈 생각입니다. 그들은 아침 여덟 시에 학교 정문에서 만나기로 약속했습니다.

　샤오잉은 7시 50분에 바로 도착했습니다. 30분을 기다렸는데도, 동민이는 아직 오지 않았습니다. 그녀는 매우 화가 났습니다. 이미 8시 반이 되자, 동민이는 그제서야 왔습니다.

　사실 오늘 동민이는 일찌감치 집에서 나왔습니다. 길에서 차가 이렇게 심하게 막힐 줄은 생각지도 못했습니다.

맛있는 이야기 정답 ➔165쪽

1 　❶ 他们约好了早上八点在学校门口儿见。
　　❷ 小英等了东民四十分钟。
　　❸ 路上堵车堵得很厉害。

2 　❶ ○ 小英和东民打算去公园看花儿。
　　❷ ○ 东民比小英晚了四十分钟。
　　❸ × 东民因为很晚才出门，所以迟到了。

맛있는 듣기 ➔166∼167쪽

STEP1
❶ 她结婚不到两年。
❷ 她在北京住了半年了。
❸ 她在大学学了半年多的汉语。
❹ 她觉得自己的汉语还差得远。

STEP2

东民	你结婚多长时间了?
女	不到两年。
东民	你在北京住了几年?
女	我去年才来北京，现在住了半年了。
东民	你汉语说得非常好，在法国学过汉语吗?
女	学过，在大学学了半年多。
东民	你学了不到一年就说得这么好!
女	哪里，还差得远呢!

동민	당신은 결혼한 지 얼마나 되셨어요?
여자	2년이 채 안 됐어요.
동민	베이징에서 몇 년 살았어요?
여자	작년에서야 베이징에 와서, 지금 반년 살았어요.
동민	당신은 중국어를 정말 잘하시네요. 프랑스에서 중국어를 배운 적이 있어요?
여자	배운 적이 있어요. 대학에서 반년 남짓 배웠어요.
동민	배운 지 1년도 채 안 됐는데 말을 이렇게 잘하세요!
여자	천만에요. 아직도 멀었어요.

연습 문제 → 168~169쪽

1   오늘 동민이는 샤오잉에게 영화를 보여 줄 계획입니다. 그들은 저녁 7시에 영화관 입구에서 만나기로 약속했습니다. 동민이는 6시 반에 바로 도착했습니다. 그러나 그가 30여 분을 기다렸는데도, 샤오잉은 아직 오지 않았습니다. 이미 7시 반이 되고, 샤오잉은 그제서야 도착했습니다. 그녀는 매우 미안하게 생각했습니다.

2 ❶ 因为 / 所以   ❷ 不但 / 而且
   ❸ 虽然 / 但是   ❹ 先 / 然后

3 ❶ 他去年就毕业了。[또는]
      去年他就毕业了。
   ❷ 今天上午十点才起床。

❸ 因为熬夜了，所以很累。
❹ 我等了他半个小时了。[또는]
   他等了我半个小时了。

4 ❶ 昨天你怎么没来? 我等了你三个小时。[또는]
      昨天你怎么没来? 我等你等了三个小时。
   ❷ 我上网上了三个小时了。
   ❸ 我们先做作业，然后出去玩儿吧。
   ❹ 我因为昨天只睡了一个小时，所以今天很累。

13과 祝你生日快乐!
생일 축하합니다!

맛있는 회화 → 172쪽

학생들	왕 선생님, 생신 축하드립니다!
동민	이건 저희가 드리는 생일 선물과 케이크예요.
선생님	나를 위해 생일을 챙겨 줘서 고마워. 정말 기쁘구나! 모두들 격식 차리지 말고, 좋아하는 거 맘껏 먹어!
안나	선생님, 저희는 선생님의 관심과 도움에 매우 감사드립니다.
선생님	이것들은 다 선생님으로서 마땅히 해야 하는 일인걸.
동민	선생님, 저희가 선생님께 한 잔 드릴게요! 선생님께서 건강하시고, 만사형통하시길 바랍니다!

맛있는 어법 ➜174~175쪽

1 ③

2 ❶ 什么 / 什么   ❷ 谁 / 谁
   ❸ 哪儿 / 哪儿

맛있는 이야기 해석 ➜176쪽

　오늘 왕 선생님은 생일을 보냈습니다. 왕 선생님은 학생들을 집으로 초대하여 밥을 먹었습니다. 왕 선생님은 각양각색의 중국요리를 준비했습니다. 예를 들면 궁바오지딩, 궈바오러우, 디싼셴 등입니다.

　저녁 7시에 모두 왔습니다. 학생들은 왕 선생님께 생일 케이크와 선물을 드렸습니다. 동민이는 왕 선생님이 아버지처럼 그에게 관심을 가져 주고 보살펴 준 것에 대해 굉장히 감사했습니다. 학생들은 왕 선생님의 생일을 위해 건배했고, 모두들 왕 선생님이 건강하시고, 만사형통하시길 기원했습니다.

맛있는 이야기 정답 ➜177쪽

1 ❶ 他准备了各种各样的中国菜，比如：
     宫保鸡丁、锅包肉、地三鲜等等。
   ❷ 他们送给了王老师生日蛋糕和礼物。
   ❸ 王老师像爸爸一样关心他、照顾他。

2 ❶ ✕ 王老师请同学们去饭馆儿吃饭。
   ❷ 〇 王老师收到了蛋糕和礼物。
   ❸ 〇 大家祝王老师身体健康、万事如意。

맛있는 듣기 ➜178~179쪽

STEP1 ❶ ✕   ❷ ✕   ❸ 〇   ❹ 〇

STEP2

东民	小英，我同学的哥哥要结婚了，我打算参加他的婚礼。
小英	挺好的，东民。参加中国人的婚礼是了解中国的好机会。

东民	可是我不知道应该送什么礼物。
小英	你可以送生活用品，也可以送个红包。
东民	那我穿什么衣服好呢？
小英	你穿西装比较好。
东民	我见了新郎新娘应该说什么？
小英	你可以说"恭喜恭喜，祝你们新婚快乐！"。

동민	샤오잉, 내 학교 친구의 형이 곧 결혼한다고 해서, 나는 그의 결혼식에 참석하려고 해.
샤오잉	아주 잘됐다. 동민. 중국인의 결혼식에 참석하는 것은 중국을 이해할 수 있는 좋은 기회야.
동민	하지만 나는 무슨 선물을 해야 될지 모르겠어.
샤오잉	생활용품을 선물해도 되고, 홍바오(축의금)를 선물해도 돼.
동민	그럼 어떤 옷을 입는 게 좋을까?
샤오잉	양복을 입는 게 비교적 좋지.
동민	신랑 신부를 보면 뭐라고 말해야 하지?
샤오잉	"축하합니다! 행복한 신혼 되세요!"라고 말하면 돼.

연습 문제 ➜180~181쪽

1　어제는 샤오잉의 생일이었습니다. 그녀는 친구들을 집으로 초대해서 함께 생일을 보냈습니다. 샤오잉은 각양각색의 중국요리를 만들었습니다. 게다가 음식을 아주 맛있게 해서, 모두들 굉장히 배부르게 먹었습니다. 동민이가 샤오잉에게 꽃 한 다발을 선물해서 샤오잉은 매우 기뻤습니다. 샤오잉은 올해 생일이 가장 즐거웠다고 생각합니다.

2 ❶ A   ❷ D   ❸ B   ❹ C

3 ❶ 你想几点来就几点来。
   ❷ 我想敬您一杯酒。
   ❸ 这是为你做的。
   ❹ 你想去哪儿吃饭就去哪儿吃饭。

4 ❶ 祝你身体健康!
  ❷ 今天我请客，你想吃什么就吃什么。
  ❸ 为了去中国留学，我正在打工。
  ❹ 我们为这次成功干杯!

14과 下星期就要回国了。
다음 주면 곧 귀국해요.

맛있는 회화 ➜184쪽

동민 시간이 정말 빠르다!

안나 그래. 다음 주면 곧 귀국하네.

동민 이번에 중국에 공부하러 와서, 성과가 굉장히 컸어.

안나 나도 그렇게 생각해.
막 왔을 때, 나는 중국어를 한마디도 할 줄 몰랐는데, 지금은 중국인과 얘기할 수 있게 되었어.

동민 게다가 중국어를 배운 것 외에, 우리는 중국에 대해서도 훨씬 더 이해하게 되었어.

안나 또 많은 중국 친구를 사귀었잖아.

동민 나는 점점 더 중국을 좋아하게 되었어. 기회가 된다면 또 중국에 오기를 바라.

맛있는 어법 ➜186~187쪽

1 ④
3 ❶ 除了我以外，我的家人也喜欢吃海鲜。
  ❷ 除了我以外，别人都看足球比赛。

맛있는 이야기 해석 ➜188쪽

동민이의 공부가 곧 끝나려고 합니다. 동민이는 중국에 와서 공부한 것은 성과가 굉장히 컸다고 생각합니다. 그가 막 왔을 때는, 중국어를 한마디도 할 줄 몰랐습니다. 그러나 지금은 이미 중국 친구와 얘기를 나눌 수 있게 되었습니다. 또한 중국어를 배운 것 외에, 중국 문화도 훨씬 더 이해하게 되었습니다.

비록 동민이의 학교 친구들은 모두 다른 나라에서 왔지만, 지금은 모두 좋은 친구가 되었습니다. 동민이는 중국을 떠나는 게 아쉽고, 친구들과 헤어지는 것도 아쉽습니다.

맛있는 이야기 정답 ➜189쪽

1 ❶ 他觉得来中国学习收获特别大。
  ❷ 刚来的时候，他连一句汉语也不会说。
  ❸ 除了学汉语以外，他也更了解中国文化了。

2 ❶ ○ 东民的学习就要结束了。
  ❷ × 东民觉得来中国收获不大。
  ❸ ○ 东民舍不得离开中国，也舍不得离开朋友们。

맛있는 듣기 ➜190~191쪽

STEP1

❶ 他明天就要回去了。
❷ 他的行李还没收拾好。
❸ 她希望东民回国以后常常联系她。
❹ 他一回国就给小英打电话。

STEP2

小英	东民，明天你就要回去了，行李都收拾好了吗?
东民	还没呢，行李太多了。
小英	我来帮帮你吧。
东民	谢谢你，小英!
小英	你别忘了，回国以后一定要常常联系。
东民	放心吧，我一到韩国就给你打电话。

小英	我真舍不得你走。祝你一路平安!
东民	我也舍不得你，我会一直想你的!

샤오잉	동민, 내일 너는 곧 돌아가는데, 물건은 다 정리했니?
동민	아직 못 했어. 짐이 너무 많아.
샤오잉	내가 도와줄게.
동민	고마워, 샤오잉!
샤오잉	너 잊지 말고 귀국한 후에 꼭 자주 연락해.
동민	걱정하지 마, 한국에 도착하자마자 너한테 전화할게.
샤오잉	네가 가는 게 정말 아쉬워. 조심히 잘 가!
동민	나도 너랑 헤어지는 게 아쉬워. 계속 네가 보고 싶을 거야!

연습 문제 ➡192~193쪽

1 동민이는 중국에서의 공부가 곧 끝납니다. 비록 공부한 시간은 그다지 길지 않지만, 지금 동민이의 중국어는 아주 유창합니다. 그는 중국에서 많은 친구들을 알았고, 즐겁게 지냈습니다. 그는 왕 선생님과 학교 친구들하고 헤어지는 것이 아쉽습니다. 동민이는 기회가 있다면 다시 중국에 오기를 바랍니다.

2 A 时间过得真快!
   B 是啊。假期就要结束了。
   A 这个假期你做什么了?
   B 我除了打工以外，还去旅行了，收获挺大的。
   A 你的假期过得真有意思!

3 ❶ 我们成了最好的朋友。
   ❷ 连星期天也不能休息。
   ❸ 除了古典音乐以外，还听别的音乐。
   ❹ 我妹妹明年就要结婚了。 또는
      明年我妹妹就要结婚了。

4 ❶ 在北京生活了两年，但是连故宫也没去过。
   ❷ 天阴了，好像就要下雨了。
   ❸ 周末他除了睡觉以外，什么都不做。
   ❹ 除了一双鞋以外，我还买了一条牛仔裤。

퍼즐 ➡194쪽

정답 및 해석

종합 평가 ➜ 195~200쪽

1
❶ D **❷** E **❸** F **❹** A **❺** C

──── 녹음 원문 🎧 ────

❶ A 喂，你好，是王府井饭店吗？
　　B 不好意思，你打错了。

❷ A 有去上海的高铁票吗？
　　B 有，您要几号的？

❸ A 我想把这100万韩元换成人民币。
　　B 请填一下这张表。

❹ A 这是我们给你买的蛋糕和礼物。
　　B 谢谢你们为我过生日。

❺ A 服务员，再来一个糖醋鱼和一瓶啤酒。
　　B 好的，请稍等。

❶ A 여보세요, 안녕하세요. 왕푸징호텔이에요?
　　B 죄송하지만, 잘못 거셨어요.
❷ A 상하이에 가는 가오티에표 있어요?
　　B 있어요, 당신은 며칠 것을 원하세요?
❸ A 저는 100만원을 런민비로 환전하려고 하는데요.
　　B 이 표를 좀 작성해 주세요.
❹ A 이것은 우리가 너에게 주는 케이크와 선물이야.
　　B 나를 위해 생일을 보내줘서 고마워.
❺ A 종업원, 탕추위와 맥주 한 병 더 주세요.
　　B 네, 잠시만요.

2
❶ ○ **❷** ○ **❸** × **❹** × **❺** ×

──── 녹음 원문 🎧 ────

❶ 我的中国朋友很喜欢看韩国电视剧和电影。最近韩国正在上映一部很有意思的电影，我想给我的朋友推荐一下。
　★ 他的朋友爱看韩国电影。

❷ 这个学期就要结束了，我觉得收获特别大。除了汉语水平进步很大以外，还会打太极拳了。最重要的是我交了很多朋友。
　★ 他的汉语越来越好了。

❸ 劳动节学校放三天假。我本来想趁着假期出去玩儿玩儿。不过听说劳动节去哪儿都有很多人。这让我很头疼，出去还是不出去呢？
　★ 他打算劳动节在家休息。

❹ 我的爸爸抽烟抽了二十多年了。他以前戒过烟，但是都没成功。抽烟对身体很不好，要是爸爸能把烟戒了就好了。
　★ 爸爸戒烟成功了。

❺ 我跟一个同学约好上午十点去爬山。九点五十分左右，我到了见面的地方，但是他打电话说他感冒了，爬不了山了。
　★ 他等了好几分钟，同学才到。

❶ 내 중국 친구는 한국 드라마와 영화 보는 것을 매우 좋아합니다. 요즘 한국에서 재미있는 영화 한 편을 상영하고 있어서, 나는 내 친구에게 추천해 주고 싶습니다.
　★ 그의 친구는 한국 영화를 즐겨 봅니다.
❷ 이번 학기가 곧 끝납니다. 나는 성과가 매우 컸다고 생각합니다. 중국어 수준이 발전한 것 외에, 태극권도 할 수 있게 되었습니다. 가장 중요한 것은 나는 많은 친구를 사귀었습니다.
　★ 그의 중국어는 점점 좋아졌습니다.
❸ 노동절에 학교가 3일 동안 방학을 합니다. 나는 원래 방학을 이용해서 놀러 갈 생각이었습니다. 그런데 듣자 하니 노동절에 어디에 가도 사람이 매우 많다고 합니다. 이것은 나를 머리 아프게 합니다. 나가야 할까요, 나가지 말아야 할까요?
　★ 그는 노동절에 집에서 쉴 계획입니다.
❹ 우리 아빠는 담배를 20여 년 동안 피웠습니다. 그는 예전에 담배를 끊어 봤지만, 성공하지 못했습니다. 담배 피우는 것은 건강에 안 좋아서, 만약 아빠가 담배를 끊을 수 있다면 좋겠습니다.
　★ 아빠는 담배 끊는 것에 성공했습니다.
❺ 나는 학교 친구 한 명과 오전 10시에 등산을 가기로 약속했습니다. 9시 50분쯤, 나는 만나기로 한 장소에 도착했습니다. 그런데 그는 전화해서 말하길, 감기에 걸려서 등산을 할 수 없다고 합니다.
　★ 그가 몇 분 동안 기다리고 나서야 학교 친구가 도착했습니다.

3 ❶A ❷C ❸D ❹B ❺B

──녹음 원문──

❶ 女 王先生在吗?
　 男 他出差了。您打他手机吧。
　 [질문] 王先生去干什么了?

❷ 男 你的英语水平这么高,留过学吗?
　 女 对,我去英国学了一年多英语。
　 [질문] 女的去英国学了多长时间?

❸ 女 今天雪下得真大。
　 男 是啊,我第一次见到这么大的雪。来的时候堵车堵得很厉害。
　 女 你是开车来的吗?
　 男 不是,我是坐公交车来的。
　 [질문] 男的是怎么来的?

❹ 男 小马,晚上的聚会你一定要来。
　 女 真对不起,我恐怕要加班,去不了。
　 男 你大概几点下班?下班后过来吧。
　 女 好,那你们等我。
　 [질문] 女的为什么担心去不了晚上的聚会?

❺ 女 你脸色怎么这么难看?
　 男 我今天倒霉透了。我的钱包丢了。
　 女 在哪儿丢的?找到了吗?
　 男 在去图书馆的路上。找了半天也没找到。
　 女 丢了多少钱?
　 男 钱不多,但是最重要的是身份证在里边。
　 [질문] 男的怎么了?

❶ 여 왕 선생님 계세요?
　 남 그는 출장 갔어요. 그의 핸드폰으로 걸어 보세요.
　 [질문] 왕 선생은 무엇을 하러 갔나요?
❷ 남 너의 영어 수준이 이렇게 높다니, 유학한 적 있니?
　 여 맞아. 나는 영국에 가서 일 년 남짓 영어를 배웠어.
　 [질문] 여자는 영국에 가서 얼마 동안 배웠나요?

❸ 여 오늘 눈이 정말 많이 내리네.
　 남 그러게. 나는 이렇게 눈이 많이 오는 것은 처음 봐. 올 때 차가 심하게 막혔어.
　 여 너는 운전해서 왔니?
　 남 아니, 버스를 타고 왔어.
　 [질문] 남자는 어떻게 왔나요?
❹ 남 샤오마, 저녁 모임에 너는 반드시 와야 해.
　 여 정말 미안해. 나는 아마 야근해야 돼서 못 갈 것 같아.
　 남 너는 대략 몇 시에 퇴근하는데? 퇴근 후에 와.
　 여 좋아, 그럼 너희 기다려.
　 [질문] 여자는 왜 저녁 모임에 못 갈 것이라고 걱정하나요?
❺ 여 너의 안색이 왜 이렇게 안 좋아?
　 남 나는 오늘 재수가 없어. 내 지갑을 잃어버렸어.
　 여 어디에서 잃어버렸는데? 찾았어?
　 남 도서관에 가는 길에. 한참 동안 찾았는데 못 찾았어.
　 여 얼마를 잃어버린 거야?
　 남 돈은 많지 않은데, 가장 중요한 건 신분증이 안에 있어.
　 [질문] 남자는 어떠한가요?

4 ❶kòng ❷liǎo ❸děi ❹huán

5 ❶或者 ❷又 ❸遍 ❹请

6 ❶C ❷B ❸E

7 ❶D ❷A ❸C ❹E ❺B

8 ❶输 ❷放心

9 ❶C ❷D ❸A

10 ❶D ❷E ❸B ❹A ❺C

11 B

12 ❶C→A→B ❷B→C→A

13 ❶C ❷D

> 십여 년 전에는, 베이징에서 상하이까지 가오티에가 없어서, 기차를 타고 베이징에서 상하이까지 십여 시간이 걸렸고, 느릴 때는 이십여 시간이 걸렸습니다. 그래서 많은 사람들이 침대칸표를 샀습니다. 그래야 기차에서 누워 쉴 수 있었습니다. 지금은 가오티에를 타고 베이징에서 출발해서 (다섯 시간 정도면 바로 상하이에 도착합니다). 예전보다 많이 빨라졌습니다.

14 ❶儿子高高兴兴地回来了。
　❷他们俩一见面就吵架。
　❸你的照相机被小王拿走了。
　❹别客气，想吃什么就吃什么。 또는
　　想吃什么就吃什么，别客气。

15 참고 답안
　❶昨天我跟朋友熬夜看了足球比赛。
　❷今天早上，因为路上堵车，所以我
　　迟到了。

찾아보기

찾아보기

찾아보기

013
我觉得今天的比赛韩国队一定能赢。
Wǒ juéde jīntiān de bǐsài Hánguó duì yídìng néng yíng.

나는 오늘 경기에서 한국팀이 반드시 이길 수 있다고 생각해요.

001
我是来学汉语的。
Wǒ shì lái xué Hànyǔ de.

나는 중국어를 배우러 왔어요.

015
今晚你有空吗?
Jīnwǎn nǐ yǒu kòng ma?

오늘 저녁에 당신은 시간 있어요?

003
越来越多了。
Yuè lái yuè duō le.

점점 많아지고 있어요.

017
我恐怕去不了。
Wǒ kǒngpà qù bu liǎo.

나는 아마 못 갈 것 같아요.

005
我是来中国以后才正式开始学的。
Wǒ shì lái Zhōngguó yǐhòu cái zhèngshì kāishǐ xué de.

나는 중국에 와서야 (비로소) 정식으로 배우기 시작했어요.

019
来一个鱼香肉丝。
Lái yí ge yúxiāngròusī.

위샹뤄쓰 하나 주세요.

007
刚开始我觉得很难。
Gāng kāishǐ wǒ juéde hěn nán.

막 시작했을 때는 어렵다고 느꼈어요.

021
酸辣汤不合我的口味。
Suānlàtāng bù hé wǒ de kǒuwèi.

쏸라탕은 내 입맛에 안 맞아요.

009
麻烦您请他接电话。
Máfan nín qǐng tā jiē diànhuà.

번거로우시겠지만
그에게 전화 좀 받아 달라고 해 주세요.

023
高铁票卖光了。
Gāotiě piào màiguāng le.

가오티에표는 다 팔렸어요.

011
你对足球感兴趣吗?
Nǐ duì zúqiú gǎn xìngqù ma?

당신은 축구에 관심이 있나요?

025
十三个小时左右。
Shísān ge xiǎoshí zuǒyòu.

열세 시간 정도요.

014

那可不一定!

Nà kě bù yídìng!

꼭 그렇지는 않아요!

* 핵심 문장 카드 활용법

1 「최신 개정」 맛있는 중국어 Level ❹ 초급 패턴2」의 핵심 문장만 정리해 놓았습니다.

2 「중국어-한국어-중국어」로 구성된 녹음을 들으며 중국어가 자연스럽게 나올 때까지 연습해 보세요.

3 중국어 문장이 익숙해지면 한국어 문장을 보고 중국어로 말해 보세요.

016

我想请你去看电影。

Wǒ xiǎng qǐng nǐ qù kàn diànyǐng.

나는 당신한테 영화를 보여 주고 싶어요.

002

我猜你一定是韩国人。

Wǒ cāi nǐ yídìng shì Hánguórén.

내가 추측하기에 당신은 분명 한국인인 것 같아요.

018

你会看得懂的。

Nǐ huì kàn de dǒng de.

당신은 보고 이해할 수 있을 거예요.

004

我韩语说得不太好。

Wǒ Hányǔ shuō de bú tài hǎo.

나는 한국어를 잘 못해요.

020

今天我请客，别客气!

Jīntiān wǒ qǐng kè, bié kèqi!

오늘은 내가 한턱낼게요. 사양하지 마세요!

006

我学了一年半汉语了。

Wǒ xuéle yì nián bàn Hànyǔ le.

나는 1년 반 동안 중국어를 배웠어요.

022

我一喝酒就脸红、头疼。

Wǒ yì hē jiǔ jiù liǎn hóng、tóu téng.

나는 술만 마시면 얼굴이 빨개지고 머리가 아파요.

008

喂，是龙龙家吗?

Wéi, shì Lónglong jiā ma?

여보세요, 룽룽 집이에요?

024

坐动车到杭州要多长
时间?

Zuò dòngchē dào Hángzhōu yào
duō cháng shíjiān?

둥처를 타면 항저우까지 얼마나 걸리나요?

010

请慢慢儿地再说一遍。

Qǐng mànmānr de zài shuō yí biàn.

천천히 다시 한 번 말씀해 주세요.

026

请让我看一下你的护照。

Qǐng ràng wǒ kàn yíxià nǐ de hùzhào.

저에게 당신의 여권을 좀 보여 주세요.

012

我不但喜欢看足球，而且
喜欢踢足球。

Wǒ búdàn xǐhuan kàn zúqiú, érqiě
xǐhuan tī zúqiú.

나는 축구 보는 것을 좋아할 뿐만 아니라,
축구 하는 것도 좋아해요.

최신 개정

맛있는 중국어

Level ❹ 초급 패턴2

워크북

JRC 중국어연구소 기획·저

▶ MP3 파일 무료 다운로드

★★★★★
중국어 회화
100만 부 판매
베스트셀러

맛있는 books

최신 개정

맛있는 중국어 Level ④ 초급 패턴2

워크북

JRC 중국어연구소 기획·저

맛있는 books

我是来学汉语的。

나는 중국어를 배우러 왔어요.

맛있는 단어

1 다음 빈칸을 알맞게 채우세요.

한자	병음	뜻
猜	cāi	❶
❷	yuè lái yuè	점점, 더욱더, 갈수록
流利	❸	(문장이나 말 따위가) 유창하다
以后	yǐhòu	❹
❺	yǐqián	이전, 예전
差得远	❻	훨씬 미치지 못하다, 부족하다
互相	hùxiāng	❼
❽	bāngzhù	도움, 보조, 돕다, 원조하다
韩语	❾	한국어

2 다음 보기 에서 알맞은 단어를 골라 써 보세요.

> 보기 流利   越来越   互相   猜

❶ 学汉语的人_____多了。

❷ 我_____你一定是中国人。

❸ 我们以后_____帮助吧。

❹ 他韩语说得很_____。

1 녹음을 듣고 빈칸을 채운 후, 말해 보세요.

东民 我叫东民，❶＿＿＿＿＿＿＿＿＿＿。

龙龙 我猜你❷＿＿＿＿＿＿韩国人。

东民 你猜❸＿＿＿＿＿＿。你是中国人吧？

龙龙 是的。❹＿＿＿＿＿＿＿＿＿＿。

东民 ❺＿＿＿＿＿＿？现在中国学韩语的人多吗？

龙龙 ❻＿＿＿＿＿＿＿＿＿＿。

东民 你韩语说得❼＿＿＿＿＿＿＿＿＿吧？

龙龙 ❽＿＿＿＿＿＿！我韩语说得不太好，还❾＿＿＿＿＿＿呢。

东民 我们以后互相帮助吧。

2 위의 회화를 보고 다음 질문에 중국어로 대답해 보세요.

❶ 东民是来做什么的？ 🎤 ＿＿＿＿＿＿＿＿＿＿＿＿＿＿＿

❷ 龙龙是学什么的？ 🎤 ＿＿＿＿＿＿＿＿＿＿＿＿＿＿＿

❸ 现在中国学韩语的人多吗？ 🎤 ＿＿＿＿＿＿＿＿＿＿＿＿＿＿＿

❹ 龙龙韩语说得怎么样？ 🎤 ＿＿＿＿＿＿＿＿＿＿＿＿＿＿＿

1 다음을 해석하세요.

❶ 我是去年八月来的。 ➡ _____

❷ 爸爸不是昨天来的。 ➡ _____

❸ 人越多越好。 ➡ _____

❹ 汉语越来越有意思了。 ➡ _____

2 다음을 중작하세요.

❶ 나는 비행기를 타고 왔어요. (是…的) ➡ _____

❷ 나는 친구와 같이 왔어요. (是…的) ➡ _____

❸ 날씨가 점점 더워져요. ➡ _____

❹ 나는 한국에서 왔어요. (是…的) ➡ _____

3 틀린 문장을 바르게 고치세요.

❶ 我是来学韩语。 ➡ _____

❷ 他不开车来的。 ➡ _____

❸ 雨越下大。 ➡ _____

❹ 汉语难了越来越。 ➡ _____

Track02

1 녹음을 듣고 빈칸을 채운 후, 읽어 보세요.

东民是韩国❶_____，他是来中国学汉语的。他认识了一个中国❷_____，名字叫龙龙。他是韩语❸_____的学生。

龙龙告诉东民，很多中国❹_____喜欢听韩国流行音乐、看❺_____。龙龙现在❻_____韩语。不过，他觉得自己的韩语说得❼_____。他❽_____以后❾_____去韩国留学。

2 제시된 단어를 이용하여 다음 문장을 중국어로 말해 보세요.

❶ 동민이는 한국 유학생입니다. 그는 중국에 중국어를 배우러 왔습니다. (是…的)

🎤 _____

❷ 그는 한국어를 전공하는 2학년 학생입니다. (专业)

🎤 _____

❸ 그는 자신의 한국어가 아직 그다지 유창하지 않다고 생각합니다. (觉得, 流利)

🎤 _____

❹ 그는 앞으로 한국으로 유학 갈 기회가 있기를 희망합니다. (希望, 机会)

🎤 _____

我学了一年半汉语了。

나는 1년 반 동안 중국어를 배웠어요.

맛있는 단어

1 다음 빈칸을 알맞게 채우세요.

한자	병음	뜻
❶	shuǐpíng	수준, 실력
才	❷	비로소, 겨우
正式	zhèngshì	❸
刚	❹	막, 방금
❺	gāngcái	지금 막, 방금
❻	liáo tiānr	한담하다, 이야기하다
聊	❼	한담하다, 이야기하다
虽然…但是…	suīrán…dànshì…	❽

2 다음 보기에서 알맞은 단어를 골라 써 보세요.

> 보기　　刚　　聊天儿　　句　　水平

❶ 他经常和中国朋友＿＿＿＿＿＿。

❷ 他说的话，我一＿＿＿＿＿＿也听不懂。

❸ 你的汉语＿＿＿＿＿＿真高！

❹ ＿＿＿＿＿＿开始我觉得很难。

맛있는 회화

1 녹음을 듣고 빈칸을 채운 후, 말해 보세요.

龙龙 你的汉语水平❶＿＿＿＿＿，在韩国学过吗?

东民 学过❷＿＿＿＿。不过我是来中国❸＿＿＿＿正式开始学的。

龙龙 你在中国学了❹＿＿＿＿了?

东民 我学了❺＿＿＿＿汉语了。

龙龙 学汉语难不难?

东民 ❻＿＿＿＿我觉得很难。

龙龙 那么现在呢?

东民 虽然也❼＿＿＿＿，但是现在能和中国朋友❽＿＿＿＿，

挺有意思的。

2 위의 회화를 보고 다음 질문에 중국어로 대답해 보세요.

❶ 东民在韩国学过汉语吗? 🎤 ＿＿＿＿＿＿＿＿＿＿＿＿

❷ 东民是什么时候正式学汉语的? 🎤 ＿＿＿＿＿＿＿＿＿＿＿

❸ 东民在中国学了多长时间了? 🎤 ＿＿＿＿＿＿＿＿＿＿＿＿

❹ 刚开始东民觉得学汉语怎么样? 🎤 ＿＿＿＿＿＿＿＿＿＿＿

1 다음을 해석하세요.

❶ 他九点半才来。   ➜ _____

❷ 他睡了八个小时。   ➜ _____

❸ 他们看电影看了两个小时了。   ➜ _____

❹ 我今年才二十岁。   ➜ _____

2 다음을 중작하세요.

❶ 나는 중국어를 1년째 공부하고 있어요.   ➜ _____

❷ 당신은 며칠 쉴 계획인가요?   ➜ _____

❸ 지금 겨우 8시예요.   ➜ _____

❹ 그는 한 시간 동안 책을 봤어요.   ➜ _____

3 틀린 문장을 바르게 고치세요.

❶ 这个孩子才四岁会说话。   ➜ _____

❷ 刚火车走。   ➜ _____

❸ 你寄的东西后天能才到。   ➜ _____

❹ 我每天八个小时工作。   ➜ _____

1 녹음을 듣고 빈칸을 채운 후, 읽어 보세요.

东民在中国❶＿＿＿＿＿＿了一年半了。

刚来的时候，他❷＿＿＿＿汉语❸＿＿＿＿＿说，

现在❹＿＿＿＿跟中国人聊天儿了。

东民在学校❺＿＿＿＿学习，每天预习复习。

而且上课的时候，他❻＿＿＿＿汉语，❼＿＿＿＿韩语。下课以后，他常常

❽＿＿＿＿＿和中国朋友说话。

现在东民的汉语水平❾＿＿＿＿＿＿。他觉得学汉语虽然不容

易，但是挺❿＿＿＿＿的。

2 제시된 단어를 이용하여 다음 문장을 중국어로 말해 보세요.

❶ 동민이는 중국에서 중국어를 1년 반 동안 배웠습니다. (一年半)

🎤 ＿＿＿＿＿＿＿＿＿＿＿＿＿＿＿＿＿＿＿＿＿＿＿＿＿

❷ 막 왔을 때, 그는 중국어를 한마디도 못했습니다. (句)

🎤 ＿＿＿＿＿＿＿＿＿＿＿＿＿＿＿＿＿＿＿＿＿＿＿＿＿

❸ 수업이 끝난 후, 그는 자주 중국 친구와 얘기할 기회를 찾습니다. (机会)

🎤 ＿＿＿＿＿＿＿＿＿＿＿＿＿＿＿＿＿＿＿＿＿＿＿＿＿

❹ 그는 비록 중국어를 배우는 것이 쉽지는 않지만, 매우 재미있다고 생각합니다. (挺)

🎤 ＿＿＿＿＿＿＿＿＿＿＿＿＿＿＿＿＿＿＿＿＿＿＿＿＿

麻烦您请他接电话。

번거로우시겠지만 그에게 전화 좀 받아 달라고 해 주세요.

맛있는 단어

1 다음 빈칸을 알맞게 채우세요.

한자	병음	뜻
阿姨	❶	아주머니
❷	máfan	귀찮게 하다, 성가시다
❸	qǐng	청하다, 부탁하다, 초대하다
接	❹	받다, 맞이하다
挂电话	guà diànhuà	❺
号码	hàomǎ	❻
❼	huí diànhuà	전화를 회신하다
再	zài	❽
遍	❾	번, 회

2 다음 보기에서 알맞은 단어를 골라 써 보세요.

> 보기　　号码　　麻烦　　遍　　阿姨

❶ 你的手机＿＿＿＿＿＿是多少?

❷ 喂，请问李＿＿＿＿＿＿在吗?

❸ ＿＿＿＿＿＿您请他接电话。

❹ 我没听见，你再说一＿＿＿＿＿＿。

1 녹음을 듣고 빈칸을 채운 후, 말해 보세요.

Track05

东民　❶＿＿＿＿＿，是龙龙家吗?

阿姨　是的。您是❷＿＿＿＿＿?

东民　我是他的朋友，叫李东民。

　　　麻烦您❸＿＿＿＿＿电话。

阿姨　他现在不在家，你❹＿＿＿＿＿＿吧。

东民　能不能❺＿＿＿＿＿他的手机号码?

阿姨　他的❻＿＿＿＿＿是13012345678。

东民　不好意思，请❼＿＿＿＿＿＿再说一遍，好吗?

阿姨　好。

2 위의 회화를 보고 다음 질문에 중국어로 대답해 보세요.

❶ 东民给谁打电话?　🎤 ＿＿＿＿＿＿＿＿＿＿＿

❷ 东民是怎么介绍自己的?　🎤 ＿＿＿＿＿＿＿＿＿＿＿

❸ 龙龙在家吗?　🎤 ＿＿＿＿＿＿＿＿＿＿＿

❹ 龙龙的手机号是多少?　🎤 ＿＿＿＿＿＿＿＿＿＿＿

1 다음을 해석하세요.

❶ 初次见面，请多关照。 ➡ _____

❷ 朋友请我来他家玩儿。 ➡ _____

❸ 李阿姨亲切地帮助了我。 ➡ _____

❹ 这个电影我看过五遍。 ➡ _____

2 다음을 중작하세요.

❶ 아들이 기쁘게 뛰어왔어요. ➡ _____

❷ 다시 한 번 말씀해 주세요. ➡ _____

❸ 내일 내가 당신에게 영화를 보여 줄게요. ➡ _____

❹ 앉으세요, 차 드세요! ➡ _____

3 틀린 문장을 바르게 고치세요.

❶ 老师请给我们吃饭了。 ➡ _____

❷ 我请想你喝茶。 ➡ _____

❸ 请慢慢儿得说。 ➡ _____

❹ 这本书我看一遍过。 ➡ _____

Track06

1 녹음을 듣고 빈칸을 채운 후, 읽어 보세요.

东民和龙龙打算❶_____一起去故宫。可是周末东民的叔叔突然❷_____，想看看他。所以东民给龙龙打电话，想❸_____时间。

东民打电话的时候，龙龙很❹_____东民，❺_____北京好吃、❻_____的地方。最后他们❼_____下个周末再去故宫。东民很❽_____龙龙。

2 제시된 단어를 이용하여 다음 문장을 중국어로 말해 보세요.

❶ 주말에 동민이의 작은아버지가 갑자기 베이징으로 출장을 오게 되었습니다. (出差)

🎤 _____

❷ 그래서 동민이는 룽룽이에게 전화를 걸어 시간을 좀 바꾸고 싶었습니다. (改)

🎤 _____

❸ 동민이가 전화했을 때, 룽룽이는 동민이를 이해해 주었습니다. (理解)

🎤 _____

❹ 마지막으로 그들은 다음 주 주말에 다시 고궁에 가기로 정했습니다. (故宫)

🎤 _____

你对足球感兴趣吗?

당신은 축구에 관심이 있나요?

맛있는 단어

1 다음 빈칸을 알맞게 채우세요.

한자	병음	뜻
❶	zúqiú	축구
感兴趣	❷	흥미를 느끼다, 관심을 갖다
踢	tī	❸
世界杯	❹	(축구 경기) 월드컵
❺	nà hái yòng shuō	말할 것도 없다, 그렇고 말고
队	duì	❻
❼	bǐsài	시합, 경기
赢	yíng	❽
❾	búdàn A, érqiě B	A뿐만 아니라 B도 ~하다

2 다음 보기에서 알맞은 단어를 골라 써 보세요.

> 보기   感兴趣   队   赢   踢

❶ 我希望韩国能_____。

❷ 你足球_____得怎么样?

❸ 我最喜欢北京_____。

❹ 我弟弟对篮球很_____。

Track07

1 녹음을 듣고 빈칸을 채운 후, 말해 보세요.

小英   你❶_____感兴趣吗?

东民   我❷_____喜欢看足球,

❸_____喜欢踢足球。

小英   那你最近❹_____世界杯吧?

东民   ❺_____! 今晚有❻_____的比赛呢!

小英   晚上我请安娜来我家❼_____, 你也来吧!

东民   好啊! 我觉得今天的比赛韩国队❽_____, 你觉得呢?

小英   ❾_____!

2 위의 회화를 보고 다음 질문에 중국어로 대답해 보세요.

❶ 东民对足球感兴趣吗?   🎤 _____

❷ 东民最近看世界杯吗?   🎤 _____

❸ 今晚有哪个队的比赛?   🎤 _____

❹ 他们晚上在哪儿看比赛?   🎤 _____

1 다음을 해석하세요.

❶ 我对中国历史比较感兴趣。 ➡ _____

❷ 他不但会说英语，而且会说汉语。 ➡ _____

❸ 爷爷不一定今天来。 ➡ _____

❹ 他对韩国文化很有兴趣。 ➡ _____

2 다음을 중작하세요.

❶ 나는 그가 한 말에 관심이 없어요. ➡ _____

❷ 당신은 축구에 관심이 있나요? ➡ _____

❸ 언제 출발할지 아직 확실하지 않아요. ➡ _____

❹ 나는 운전을 할 수 있을 뿐만 아니라, 운전을 매우 잘합니다.

➡ _____

3 틀린 문장을 바르게 고치세요.

❶ 我很感兴趣历史。 ➡ _____

❷ 那可一定不！ ➡ _____

❸ 不但明天刮大风，而且下大雨。 ➡ _____

❹ 他不但喜欢吃中国菜，而且他父母也喜欢。

➡ _____

Track08

1 녹음을 듣고 빈칸을 채운 후, 읽어 보세요.

> 东民是❶＿＿＿＿＿＿。他不但喜欢看球，而且喜欢❷＿＿＿＿＿。他还❸＿＿＿＿＿学校的足球队，❹＿＿＿＿＿＿＿以后都去操场踢球。
>
> 　最近❺＿＿＿＿＿＿世界杯比赛，他❻＿＿＿＿＿＿＿看现场直播。今天晚上是韩国队❼＿＿＿＿＿＿＿的比赛，东民❽＿＿＿＿这次韩国队能❾＿＿＿＿＿意大利队。

2 제시된 단어를 이용하여 다음 문장을 중국어로 말해 보세요.

❶ 그는 축구 보는 것을 좋아할 뿐만 아니라, 축구 하는 것도 좋아합니다. (不但…而且…)

🎤 ＿＿＿＿＿＿＿＿＿＿＿＿＿＿＿＿＿＿＿＿＿＿

❷ 매일 수업이 끝난 후에 운동장에 가서 축구를 합니다. (操场)

🎤 ＿＿＿＿＿＿＿＿＿＿＿＿＿＿＿＿＿＿＿＿＿＿

❸ 그는 자주 밤새도록 현장 생중계를 봅니다. (现场直播)

🎤 ＿＿＿＿＿＿＿＿＿＿＿＿＿＿＿＿＿＿＿＿＿＿

❹ 동민이는 이번에 한국팀이 이탈리아팀을 이길 수 있기를 바랍니다. (赢)

🎤 ＿＿＿＿＿＿＿＿＿＿＿＿＿＿＿＿＿＿＿＿＿＿

对不起，我恐怕去不了。

미안해요. 나는 아마 못 갈 것 같아요.

맛있는 단어

1 다음 빈칸을 알맞게 채우세요.

한자	병음	뜻
空	❶	시간, 짬, 틈, 빈칸
❷	kǒngpà	아마 ～일 것이다, ～일까 걱정이다
❸	…bu liǎo	～할 수 없다, 해낼 수 없다
…得了	❹	～할 수 있다
重要	zhòngyào	❺
约会	yuēhuì	❻
部	❼	편, 부[영화·서적 등을 세는 단위]
❽	fàng xīn	마음을 놓다, 안심하다
担心	dān xīn	❾
❿	duìhuà	대화, 담화, 대화하다

2 다음 보기 에서 알맞은 단어를 골라 써 보세요.

> 보기   重要   …不了   部   放心

❶ 我来帮你，_____吧！

❷ 我看了一_____美国电影。

❸ 太多了，我吃_____。

❹ 我晚上有一个_____的约会。

Track09

1 녹음을 듣고 빈칸을 채운 후, 말해 보세요.

龙龙 今晚你有空吗? 我❶_____去看电影。

东民 对不起, 我❷_____。

龙龙 ❸_____?

东民 我晚上有一个重要的❹_____。

龙龙 那❺_____有时间?

东民 ❻_____。有什么好电影吗?

龙龙 最近有一部很有意思的中国电影。

东民 可是电影里的❼_____了, 我恐怕❽_____。

龙龙 放心吧。中国电影也有❾_____, 你会❿_____的。

2 위의 회화를 보고 다음 질문에 중국어로 대답해 보세요.

❶ 东民今天晚上能去看电影吗? 🎤 _____

❷ 东民晚上有什么事? 🎤 _____

❸ 东民什么时候有时间? 🎤 _____

❹ 龙龙想请东民看什么电影? 🎤 _____

1 다음을 해석하세요.

❶ 最近我很忙，恐怕没时间见你。 ➡ _____

❷ 今天晚上八点以前回得来吗? ➡ _____

❸ 我弟弟会说德语。 ➡ _____

❹ 时间太晚了，他不会来的。 ➡ _____

2 다음을 중작하세요.

❶ 오늘 오후에 눈이 올 거예요. ➡ _____

❷ 나는 농구를 할 줄 알아요. ➡ _____

❸ 그 산은 너무 높아서, 나는 올라갈 수 없어요. (不了)

➡ _____

❹ 이 책은 너무 어려워서, 나는 (보고) 이해할 수 없을 거예요. (恐怕)

➡ _____

3 틀린 문장을 바르게 고치세요.

❶ 今天晚上我有事，恐怕去得了。 ➡ _____

❷ 五瓶啤酒他喝了得吗? ➡ _____

❸ 小王还没做完恐怕。 ➡ _____

❹ 我会觉得他赢的。 ➡ _____

Track10

1 녹음을 듣고 빈칸을 채운 후, 읽어 보세요.

> 　　东民很喜欢中国电影。最近❶_____正在❷_____新电影，龙龙买了❸_____，请东民一起看。
>
> 　　东民在韩国❹_____中国电影，但是来中国以后，❺_____去过电影院。东民以前看的中国电影都是有❻_____的，当然看得懂。可是这部电影是没有韩语字幕的，恐怕听不懂，❼_____。龙龙告诉东民，这部电影有中文字幕，❽_____。

2 제시된 단어를 이용하여 다음 문장을 중국어로 말해 보세요.

❶ 요즘 영화관에서는 마침 새 영화를 하나 상영하고 있습니다. (上映)

🎤 _____

❷ 룽룽이는 표를 두 장 사서 동민에게 같이 보자고 합니다. (请)

🎤 _____

❸ 중국에 온 이후로는 한 번도 영화관에 가 본 적이 없습니다. (次)

🎤 _____

❹ 이 영화는 한국어 자막이 없어서 아마도 알아듣지 못할 것 같습니다. (字幕)

🎤 _____

我一喝酒就脸红。
나는 술만 마시면 얼굴이 빨개져요.

맛있는 단어

1 다음 빈칸을 알맞게 채우세요.

한자	병음	뜻
❶	fúwùyuán	종업원
点菜	diǎn cài	❷
请客	❸	한턱내다
❹	bié	~하지 마라
合	❺	맞다, 부합하다
口味	kǒuwèi	❻
果汁儿	guǒzhīr	❼
❽	xíng	좋다, 괜찮다
脸红	❾	얼굴이 빨개지다, 부끄러워하다

2 다음 보기에서 알맞은 단어를 골라 써 보세요.

> 보기　　别　　口味　　点菜　　行

❶ 不_____，我不能喝酒。

❷ 今天我请客，_____客气。

❸ 你来_____吧！

❹ 这个菜不合我的_____。

Track11

1 녹음을 듣고 빈칸을 채운 후, 말해 보세요.

服务员　你们要❶＿＿＿＿＿＿＿？

东民　❷＿＿＿＿＿＿鱼香肉丝，

一个糖醋鱼。

安娜　今天我请客，❸＿＿＿＿＿＿！

❹＿＿＿＿＿＿酸辣汤怎么样？

东民　别点酸辣汤了，酸辣汤❺＿＿＿＿我的口味。

安娜　❻＿＿＿＿喝点儿什么？

东民　喝啤酒吧。服务员，❼＿＿＿＿＿青岛啤酒。

安娜　不行，我❽＿＿＿＿＿脸红、❾＿＿＿＿。我喝果汁儿吧。

东民　行！那我也喝果汁儿吧。

2 위의 회화를 보고 다음 질문에 중국어로 대답해 보세요.

❶ 他们点了什么菜？

🎤 ＿＿＿＿＿＿＿＿＿＿＿＿＿

❷ 他们为什么没点酸辣汤？

🎤 ＿＿＿＿＿＿＿＿＿＿＿＿＿

❸ 他们要喝什么？

🎤 ＿＿＿＿＿＿＿＿＿＿＿＿＿

❹ 安娜一喝酒就怎么样？

🎤 ＿＿＿＿＿＿＿＿＿＿＿＿＿

1 다음을 해석하세요.

❶ 我们再来一瓶烧酒，怎么样? ➡ _____

❷ 别吃太多甜的。 ➡ _____

❸ 你一到韩国就给我打电话。 ➡ _____

❹ 来，我们干杯! ➡ _____

2 다음을 중작하세요.

❶ 당신은 오늘 돌아가지 말고, 여기서 자요. ➡ _____

❷ 나는 수업이 끝나자마자 집으로 돌아갔어요. ➡ _____

❸ 위샹뤄쓰 하나 주세요. (来) ➡ _____

❹ 당신은 무엇을 하러 오나요? ➡ _____

3 틀린 문장을 바르게 고치세요.

❶ 一个酸辣汤来，怎么样? ➡ _____

❷ 他回家一就做饭。 ➡ _____

❸ 你别不要客气。 ➡ _____

❹ 来再一瓶酒。 ➡ _____

1 녹음을 듣고 빈칸을 채운 후, 읽어 보세요.

安娜今天❶＿＿＿＿＿打工的❷＿＿＿＿，

很高兴。所以她打算请东民吃饭。学校附近

❸＿＿＿＿＿＿饭馆儿，大家都说又好吃又

便宜，她❹＿＿＿去那儿请客。

　　❺＿＿＿＿＿一个鱼香肉丝和一个糖醋鱼。❻＿＿＿东民想喝

啤酒，不过安娜❼＿＿＿＿＿，所以他们喝了果汁儿。今天他们

❽＿＿＿＿＿＿。

2 제시된 단어를 이용하여 다음 문장을 중국어로 말해 보세요.

❶ 안나는 오늘 아르바이트 급여를 받아서 아주 기쁩니다. (打工)

🎤 ＿＿＿＿＿＿＿＿＿＿＿＿＿＿＿＿＿＿＿＿＿＿＿

❷ 그녀는 거기로 가서 한턱내기로 결정했습니다. (请客)

🎤 ＿＿＿＿＿＿＿＿＿＿＿＿＿＿＿＿＿＿＿＿＿＿＿

❸ 원래 동민이는 맥주를 마시고 싶었지만, 안나가 술을 못 마십니다. (不会)

🎤 ＿＿＿＿＿＿＿＿＿＿＿＿＿＿＿＿＿＿＿＿＿＿＿

❹ 오늘 그들은 매우 즐겁게 먹었습니다. (开心)

🎤 ＿＿＿＿＿＿＿＿＿＿＿＿＿＿＿＿＿＿＿＿＿＿＿

高铁票卖光了。

가오티에(고속 열차)표는 다 팔렸어요.

맛있는 단어

1 다음 빈칸을 알맞게 채우세요.

한자	병음	뜻
杭州	❶	항저우, 항주
❷	gāotiě	가오티에[중국의 고속 열차]
售票员	shòupiàoyuán	❸
卖	❹	팔다
❺	guāng	조금도 남지 않다
左右	❻	가량, 정도, 쯤
卧铺	wòpù	❼
❽	ràng	~하게 하다, ~하도록 시키다
护照	hùzhào	❾

2 다음 보기에서 알맞은 단어를 골라 써 보세요.

> 보기　　光　　左右　　高铁　　让

❶ 请_____我看一下你的护照。

❷ 有去杭州的_____票吗?

❸ 坐动车到杭州十个小时_____。

❹ 卧铺票卖_____了。

Track13

1 녹음을 듣고 빈칸을 채운 후, 말해 보세요.

안나 请问，有去杭州的❶_____吗?

售票员 您要❷_____的?

安娜 ❸_____的。

售票员 高铁票❹_____，

❺_____动车票。

安娜 ❻_____杭州要多长时间?

售票员 十三个小时左右，晚上❼_____。

安娜 那我坐动车吧。❽_____卧铺票?

售票员 有。请❾_____你的护照。

2 위의 회화를 보고 다음 질문에 중국어로 대답해 보세요.

❶ 安娜要去哪儿?　　　🎤 _____

❷ 安娜要买几号的票?　　🎤 _____

❸ 坐动车到杭州要多长时间?　🎤 _____

❹ 安娜坐的动车几点开?　　🎤 _____

1 다음을 해석하세요.

❶ 小猫把鱼吃光了。 ➡ _____

❷ 他说下午三点左右来。 ➡ _____

❸ 爸爸让我去买东西。 ➡ _____

❹ 老师叫你去办公室。 ➡ _____

2 다음을 중작하세요.

❶ 당신의 신분증을 좀 보여 주세요. (让) ➡ _____

❷ 이 옷은 3백 위안 정도예요. ➡ _____

❸ 돈은 다 써 버렸어요. ➡ _____

❹ 좀 비켜 주세요. ➡ _____

3 틀린 문장을 바르게 고치세요.

❶ 他把牛奶光喝了。 ➡ _____

❷ 坐动车十个小时右左。 ➡ _____

❸ 妈妈让弟弟不吃零食。 ➡ _____

❹ 我让找工作很头疼。 ➡ _____

1 녹음을 듣고 빈칸을 채운 후, 읽어 보세요.

Track14

安娜来中国以后，❶＿＿＿＿＿＿＿去旅游。后天是❷＿＿＿＿＿，学校放❸＿＿＿＿＿。她想趁着放假去杭州旅游。

安娜❹＿＿＿＿＿＿中国的高铁，所以她决定坐高铁去。今天她去❺＿＿＿＿＿买票的时候，❻＿＿＿＿＿告诉她高铁票都卖光了，只有动车票。最后安娜❼＿＿＿＿＿＿去杭州的动车❽＿＿＿＿＿。

2 제시된 단어를 이용하여 다음 문장을 중국어로 말해 보세요.

❶ 안나는 중국에 온 이후, 줄곧 여행 갈 시간이 없었습니다. (旅游)

🎤 ＿＿＿＿＿＿＿＿＿＿＿＿＿＿＿＿＿＿＿＿＿＿＿

❷ 그녀는 방학을 이용하여 항저우로 여행 갈 생각입니다. (趁着)

🎤 ＿＿＿＿＿＿＿＿＿＿＿＿＿＿＿＿＿＿＿＿＿＿＿

❸ 안나는 아직 중국의 가오티에를 타 본 적이 없어서, 가오티에를 타고 가기로 결정했습니다. (决定)

🎤 ＿＿＿＿＿＿＿＿＿＿＿＿＿＿＿＿＿＿＿＿＿＿＿

❹ 매표원은 그녀에게 가오티에표는 이미 다 팔렸고 둥처표만 있다고 알려 주었습니다. (告诉)

🎤 ＿＿＿＿＿＿＿＿＿＿＿＿＿＿＿＿＿＿＿＿＿＿＿

这儿可以刷卡吗?
이곳에서 카드를 사용할 수 있나요?

맛있는 단어

1 다음 빈칸을 알맞게 채우세요.

한자	병음	뜻
❶	shuā kǎ	카드를 긁다
用	❷	쓰다, 사용하다
现金	xiànjīn	❸
❹	zěnme bàn	어떻게 합니까?
成	❺	이루다, 완성되다, ~가 되다
换	huàn	❻
职员	zhíyuán	❼
汇率	❽	환율
填	❾	채우다, 기입하다
表	❿	표

2 다음 보기 에서 알맞은 단어를 골라 써 보세요.

> 보기 用 成 汇率 表

❶ 今天的_____是多少?

❷ 我想把人民币换_____美元。

❸ 这儿可以_____现金吗?

❹ 请填一下这张_____。

Track15

1 녹음을 듣고 빈칸을 채운 후, 말해 보세요.

迈克 请问，这儿❶＿＿＿＿＿＿吗？

售货员 我们这儿❷＿＿＿＿＿，只能用现金。

迈克 我没有人民币，

❸＿＿＿＿美元，怎么办？

售货员 ❹＿＿＿＿＿＿＿中国银行。您去那儿换钱吧。

(在中国银行)

迈克 您好，我想❺＿＿＿＿＿＿人民币。

职员 您换多少？

迈克 两百美元。今天的汇率❻＿＿＿＿＿？

职员 1：6.50。请填一下❼＿＿＿＿＿。这是一千三百块。请❽＿＿＿＿＿。

2 위의 회화를 보고 다음 질문에 중국어로 대답해 보세요.

❶ 那家商店可以刷卡吗？　🎤 ＿＿＿＿＿＿＿＿＿＿＿＿

❷ 迈克有人民币吗？　🎤 ＿＿＿＿＿＿＿＿＿＿＿＿

❸ 售货员让迈克去银行干什么？　🎤 ＿＿＿＿＿＿＿＿＿＿＿＿

❹ 迈克换了多少人民币？　🎤 ＿＿＿＿＿＿＿＿＿＿＿＿

1 다음을 해석하세요.

❶ 这儿可以用美元吗? ➡ _____

❷ 我想把旧电脑换成新的。 ➡ _____

❸ 请点一下人数。 ➡ _____

❹ 我会打字。 ➡ _____

2 다음을 중작하세요.

❶ 나는 1분에 300자를 칠 수 있어요. ➡ _____

❷ 나는 케이크를 깨끗이 먹었어요. ➡ _____

❸ 오늘의 환율은 1 : 8.35예요. ➡ _____

❹ 여기서는 담배를 피우면 안 돼요. ➡ _____

3 틀린 문장을 바르게 고치세요.

❶ 我们这儿不会用美元。 ➡ _____

❷ 我想把人民币换美元。 ➡ _____

❸ 我把蛋糕没吃完。 ➡ _____

❹ 你点来菜吧。 ➡ _____

1 녹음을 듣고 빈칸을 채운 후, 읽어 보세요.

Track16

迈克很喜欢❶_____，今天他去逛街

的时候，看到❷_____很好看，特别

想买。可是他❸_____的时候，❹_____没有

人民币，只有美元。所以迈克❺_____，

可是售货员告诉他不能刷卡，❻_____。没办法，他只好去

❼_____的中国银行换钱了。

哎哟，今天迈克❽_____！

2 제시된 단어를 이용하여 다음 문장을 중국어로 말해 보세요.

❶ 오늘 그는 쇼핑할 때 한 청바지가 예쁜 것을 보고는 굉장히 사고 싶었습니다. (逛街)

🎤 _____

❷ 그런데 그는 계산할 때 런민비가 없고 달러만 있다는 것을 알았습니다. (结账)

🎤 _____

❸ 판매원은 카드를 사용할 수 없고, 현금만 받는다고 알려 주었습니다. (告诉)

🎤 _____

❹ 그는 맞은편의 중국은행에 가서 환전할 수밖에 없었습니다. (只好)

🎤 _____

抽烟对身体不好。

담배를 피우는 것은 건강에 좋지 않아요.

맛있는 단어

1 다음 빈칸을 알맞게 채우세요.

한자	병음	뜻
❶	yòu	또, 다시
抽烟	chōu yān	❷
讨厌	❸	싫어하다, 미워하다, 혐오스럽다
❹	wèir	맛, 냄새
哎呀	❺	아이고, 이런
要是	yàoshi	❻
戒	❼	끊다, 중단하다
❽	duì le	참[잊고 있었던 것이 문득 생각날 때]
蛋糕	dàngāo	❾

2 다음 보기 에서 알맞은 단어를 골라 써 보세요.

> 보기 讨厌   要是   又   味儿

❶ 我最_____你喝酒了。

❷ 他怎么_____没来?

❸ _____你把烟戒了就好了。

❹ 这是什么_____啊?

Track17

1 녹음을 듣고 빈칸을 채운 후, 말해 보세요.

小英 你又抽烟了？我真❶＿＿＿＿＿＿。

东民 真❷＿＿＿＿＿＿！

小英 抽烟对身体不好，

你❸＿＿＿＿＿吧！

东民 哎呀，又来了。你已经说了❹＿＿＿＿了。

小英 要是你❺＿＿＿＿＿，我就不说了。

对了，我们昨天❻＿＿＿＿的蛋糕呢？

东民 我已经把它❼＿＿＿＿。

小英 什么？你一个人❽＿＿＿＿？

2 위의 회화를 보고 다음 질문에 중국어로 대답해 보세요.

❶ 小英讨厌什么味儿? 🎤 ＿＿＿＿＿＿＿＿＿＿＿＿＿

❷ 小英为什么让东民少抽烟? 🎤 ＿＿＿＿＿＿＿＿＿＿＿

❸ 要是东民怎么做，小英就不说了? 🎤 ＿＿＿＿＿＿＿＿＿

❹ 他们昨天买回来了什么? 🎤 ＿＿＿＿＿＿＿＿＿＿＿＿

1 다음을 해석하세요.

❶ 他昨天没来上课，今天又没来。 ➡ _____

❷ 要是有什么困难，就告诉我。 ➡ _____

❸ 一下课，他就从教室跑出来了。 ➡ _____

❹ 这个送给你，你拿回去吧。 ➡ _____

2 다음을 중작하세요.

❶ 쓰레기를 주우세요. (把) ➡ _____

❷ 그는 지금 없으니, 당신은 내일 다시 오세요. ➡ _____

❸ 그는 또 담배를 피웠어요. ➡ _____

❹ 만약 내가 중국어를 그렇게 유창하게 말할 수 있으면 좋겠어요.

➡ _____

3 틀린 문장을 바르게 고치세요.

❶ 欢迎下次又来。 ➡ _____

❷ 他买来回了一个蛋糕。 ➡ _____

❸ 他今天再加班了。 ➡ _____

❹ 要是你戒了，就我不说了。 ➡ _____

Track18

1 녹음을 듣고 빈칸을 채운 후, 읽어 보세요.

　　　东民在中国❶＿＿＿＿＿一个女朋友，名字叫

小英。他们俩❷＿＿＿＿＿＿＿＿＿，关系特别好。

　　　小英觉得东民又帅又聪明，❸＿＿＿＿＿＿＿＿。

但是他有个❹＿＿＿＿＿＿，就是爱抽烟。小英很

讨厌烟味儿，她❺＿＿＿＿＿烟味儿❻＿＿＿＿＿＿。所以他们俩❼＿＿＿＿＿＿

抽烟吵架。

　　　东民以前❽＿＿＿＿＿＿，但是都没❾＿＿＿＿＿。小英心想要是东民能

把烟戒了，❿＿＿＿＿＿＿＿＿！

---

2 제시된 단어를 이용하여 다음 문장을 중국어로 말해 보세요.

❶ 그들 둘은 서로 도와주며 사이가 굉장히 좋습니다. (关系)

🎤 _____

❷ 그에게 나쁜 습관이 하나 있는데, 바로 담배 피우는 것을 좋아한다는 점입니다. (爱)

🎤 _____

❸ 그들 둘은 항상 담배 피우는 것 때문에 말다툼을 합니다. (吵架)

🎤 _____

❹ 동민이는 예전에 담배를 끊어 봤지만, 모두 성공하지 못했습니다. (戒烟)

🎤 _____

你还是打车去吧。

당신은 택시를 타고 가는 게 좋겠어요.

맛있는 단어

1 다음 빈칸을 알맞게 채우세요.

한자	병음	뜻
大概	dàgài	❶
❷	nánshòu	괴롭다, 참을 수 없다, 견딜 수 없다
打车	dǎ chē	❸
地铁	❹	지하철
得	❺	~해야 한다
❻	gōngjiāochē	버스
挤	❼	꽉 차다, 붐비다
闷	mēn	❽
❾	háishi	~하는 편이 좋다

2 다음 보기에서 알맞은 단어를 골라 써 보세요.

> 보기   地铁   大概   打车   挤

❶ 坐公交车太_____了。

❷ 从这儿走到那儿_____十分钟。

❸ 没办法，你还是_____去吧。

❹ 可以坐_____去吗?

1 녹음을 듣고 빈칸을 채운 후, 말해 보세요.

Track19

东民　去王府井饭店❶＿＿＿＿＿?

龙龙　一直❷＿＿＿＿＿,

大概走二十分钟❸＿＿＿＿＿。

东民　❹＿＿＿＿＿, 可以坐地铁去吗?

龙龙　❺＿＿＿＿＿＿, 不过坐地铁得❻＿＿＿＿＿。

东民　要换车? 太❼＿＿＿＿了!

龙龙　那你坐公交车去吧。

东民　公交车❽＿＿＿＿＿, ❾＿＿＿＿＿＿特别难受。

龙龙　那没办法, 你❿＿＿＿＿打车去吧。

2 위의 회화를 보고 다음 질문에 중국어로 대답해 보세요.

❶ 去王府井饭店要走多长时间?　🎤＿＿＿＿＿＿＿

❷ 东民为什么觉得坐地铁去麻烦?　🎤＿＿＿＿＿＿＿

❸ 东民觉得坐公交车怎么样?　🎤＿＿＿＿＿＿＿

❹ 最后龙龙让东民怎么去?　🎤＿＿＿＿＿＿＿

1 다음을 해석하세요.

❶ 我得回家了。 ➡ _____

❷ 中国菜好吃是好吃，但是油太多。 ➡ _____

❸ 听说中国菜很难做。 ➡ _____

❹ 咱们还是在国内旅行吧。 ➡ _____

2 다음을 중작하세요.

❶ 우리는 상의를 좀 해야 해요. (得) ➡ _____

❷ 내가 쓰는 편이 좋겠어요. ➡ _____

❸ 그가 올지 안 올지는 말하기 어려워요. ➡ _____

❹ 사고 싶기는 사고 싶은데, 나는 돈이 없어요. ➡ _____

3 틀린 문장을 바르게 고치세요.

❶ 好看好看，不过太贵了。 ➡ _____

❷ 韩国菜做很难。 ➡ _____

❸ 你坐地铁还是吧。 ➡ _____

❹ 你找工作还读研究生? ➡ _____

Track20

1 녹음을 듣고 빈칸을 채운 후, 읽어 보세요.

今天东民在❶_____有一个聚会。

这是他❷_____去那儿，不知道怎么走，所

以❸_____龙龙❹_____。龙龙告诉他可

以坐公交车、地铁❺_____走路去。

东民觉得❻_____太远了；坐地铁得换车，很麻烦；坐公交车

又挤又闷，很❼_____。没办法，最后东民❽_____打车去了。

2 제시된 단어를 이용하여 다음 문장을 중국어로 말해 보세요.

❶ 오늘 동민이는 왕푸징호텔에서 모임이 하나 있습니다. (聚会)

🎤 _____

❷ 이번은 그가 처음으로 그곳에 가는 것이어서 어떻게 가는지 모릅니다. (第一次)

🎤 _____

❸ 지하철을 타면 차를 갈아타야 해서 매우 번거롭습니다. (麻烦)

🎤 _____

❹ 어쩔 수 없이, 결국 동민이는 택시를 타고 가는 수밖에 없습니다. (办法)

🎤 _____

自行车被小偷儿偷走了。

도둑에게 자전거를 도둑맞았어요.

맛있는 단어

1 다음 빈칸을 알맞게 채우세요.

한자	병음	뜻
❶	liǎnsè	얼굴색, 안색
提	❷	(말을) 꺼내다, 언급하다
倒霉	❸	재수 없다, 운수 사납다
透	tòu	❹
丢	❺	잃어버리다, 버리다
小心	xiǎoxīn	❻
❼	yùdào	(우연히) 마주치다, 만나다
辆	❽	대[차량을 세는 단위]
❾	bèi	~에 의해 ~를 당하다
小偷儿	xiǎotōur	❿

2 다음 보기에서 알맞은 단어를 골라 써 보세요.

> 보기 丢 辆 倒霉 提

❶ 我新买了一_____自行车。

❷ 别_____了，这次又没成功。

❸ 我_____了两百块钱。

❹ 真_____，我的钱包被偷了。

Track21

1 녹음을 듣고 빈칸을 채운 후, 말해 보세요.

东民　你的脸色怎么❶_____?

安娜　❷_____，我今天倒霉透了。

东民　❸_____?

安娜　我的钱包❹_____。

　　　我最近遇到❺_____倒霉事儿了。

东民　❻_____倒霉事儿?

安娜　我❼_____一辆自行车，❽_____小偷儿偷走了。

东民　你最近❾_____啊!

2 위의 회화를 보고 다음 질문에 중국어로 대답해 보세요.

❶ 安娜的脸色怎么样?　🎤_____

❷ 安娜今天怎么了?　🎤_____

❸ 安娜的自行车呢?　🎤_____

❹ 东民觉得安娜怎么样?　🎤_____

1 다음을 해석하세요.

❶ 最近跟女朋友分手了，伤心透了。 ➡ _____

❷ 咱们好几年没见了。 ➡ _____

❸ 我被一辆车撞了。 ➡ _____

❹ 你的电脑已经被我放在桌子上了。 ➡ _____

2 다음을 중작하세요.

❶ 가을이 되어, 사과가 모두 무르익었어요. ➡ _____

❷ 상하이는 아주 놀기 좋아요. ➡ _____

❸ 우유는 여동생이 다 마셨어요. (被) ➡ _____

❹ 나는 아버지에게 맞지 않았어요. ➡ _____

3 틀린 문장을 바르게 고치세요.

❶ 我最近倒霉得透了。 ➡ _____

❷ 我遇到很好几件倒霉事儿了。 ➡ _____

❸ 我的钱包被偷。 ➡ _____

❹ 我被咖啡喝了。 ➡ _____

Track22

1 녹음을 듣고 빈칸을 채운 후, 읽어 보세요.

东民❶＿＿＿＿＿＿＿遇到了安娜。安娜的脸色很不好，好像❷＿＿＿＿＿＿＿。安娜说自己最近❸＿＿＿＿＿＿。今天上午她❹＿＿＿＿的时候，❺＿＿＿＿不小心丢了。而且昨天她❻＿＿＿＿＿＿吃饭的时候，❼＿＿＿＿自行车❽＿＿＿＿，被小偷儿偷了。

东民❾＿＿＿＿＿真是"祸不单行"啊！

2 제시된 단어를 이용하여 다음 문장을 중국어로 말해 보세요.

❶ 동민이는 도서관에서 우연히 안나를 만났습니다. (遇到)

🎤 ＿＿＿＿＿＿＿＿＿＿＿＿＿＿＿＿＿＿＿＿＿＿＿＿＿＿＿＿＿＿

❷ 안나의 안색이 매우 안 좋아 마치 무슨 일이 생긴 것 같았습니다. (好像)

🎤 ＿＿＿＿＿＿＿＿＿＿＿＿＿＿＿＿＿＿＿＿＿＿＿＿＿＿＿＿＿＿

❸ 오늘 오전에 그녀는 상점을 거닐 때 조심하지 않아서 지갑을 잃어버렸습니다. (不小心)

🎤 ＿＿＿＿＿＿＿＿＿＿＿＿＿＿＿＿＿＿＿＿＿＿＿＿＿＿＿＿＿＿

❹ 그녀가 식당에서 밥을 먹을 때 새로 산 자전거가 없어졌는데, 도둑에게 도둑맞았습니다. (偷)

🎤 ＿＿＿＿＿＿＿＿＿＿＿＿＿＿＿＿＿＿＿＿＿＿＿＿＿＿＿＿＿＿

我等你等了半天了。

나는 당신을 한참 동안 기다렸어요.

맛있는 단어

1 다음 빈칸을 알맞게 채우세요.

한자	병음	뜻
❶	bàntiān	반나절, 오랜 시간
久	❷	(시간 등이) 길다, 오래다
❸	lùshang	도중, 길 위
堵车	dǔ chē	❹
❺	chídào	지각하다, 늦게 오다
应该	❻	마땅히 ~해야 한다
钟	zhōng	❼
原来	❽	알고 보니
北海公园	❾	베이하이공원

2 다음 보기에서 알맞은 단어를 골라 써 보세요.

> 보기 钟 久 堵车 应该

❶ 他十一点_____才起床。

❷ 上下班的时候经常_____。

❸ 我等了你很_____了。

❹ 你_____早点儿出发。

Track23

1 녹음을 듣고 빈칸을 채운 후, 말해 보세요.

小英 你怎么❶＿＿＿＿＿＿？

我❷＿＿＿＿＿半天了。

东民 真对不起，❸＿＿＿＿＿了。

因为路上堵车，❹＿＿＿＿＿＿。

小英 你应该❺＿＿＿＿＿＿啊！

东民 我七点钟❻＿＿＿＿＿了，可是路上堵了三十分钟。

小英 ❼＿＿＿＿＿＿啊！

东民 咱们快走吧。北海公园❽＿＿＿＿＿＿？

小英 不远，坐车半个小时❾＿＿＿＿就到了。

2 위의 회화를 보고 다음 질문에 중국어로 대답해 보세요.

❶ 东民为什么迟到了？　🎙＿＿＿＿＿＿＿＿＿＿＿＿

❷ 东民路上堵了多长时间？　🎙＿＿＿＿＿＿＿＿＿＿＿＿

❸ 东民是几点钟出来的？　🎙＿＿＿＿＿＿＿＿＿＿＿＿

❹ 北海公园离这儿多远？　🎙＿＿＿＿＿＿＿＿＿＿＿＿

1 다음을 해석하세요.

❶ 我们明天就能出发。 ➡ _____

❷ 我等你等了两个小时。 ➡ _____

❸ 他虽然输了，但是没有放弃。 ➡ _____

❹ 我们先吃饭，然后喝咖啡吧。 ➡ _____

2 다음을 중작하세요.

❶ 나는 일곱 시에 겨우 나왔어요. ➡ _____

❷ 나는 한 시간 동안 봤어요. ➡ _____

❸ 그는 똑똑할 뿐만 아니라 성실해요. ➡ _____

❹ 날씨가 안 좋기 때문에 갈 수가 없어요. (不了)

➡ _____

3 틀린 문장을 바르게 고치세요.

❶ 我看了半天就看懂。 ➡ _____

❷ 八点上课，他七点才来了。 ➡ _____

❸ 我等了一个小时你。 ➡ _____

❹ 遇到如果什么困难，就问我。 ➡ _____

1 녹음을 듣고 빈칸을 채운 후, 읽어 보세요.

①_____北海公园的花儿②_____

_____。小英想和东民一起去看花儿。他们约

好了③_____在④_____见面。

小英七点五十分就到了。等了⑤_____

了，东民还没来，她很⑥_____。⑦_____，东民才到。

⑧_____今天东民很早就出门了，⑨_____路上堵车堵得

⑩_____！

2 제시된 단어를 이용하여 다음 문장을 중국어로 말해 보세요.

❶ 요 며칠 베이하이공원에 꽃이 매우 아름답게 피었습니다. (开)

🎤 _____

❷ 샤오잉은 7시 50분에 바로 도착했습니다. (就)

🎤 _____

❸ 30분을 기다렸는데도, 동민이는 아직 오지 않았습니다. 그녀는 매우 화가 났습니다. (生气)

🎤 _____

❹ 길에서 차가 이렇게 심하게 막힐 줄은 생각지도 못했습니다. (没想到)

🎤 _____

祝你生日快乐!

생일 축하합니다!

맛있는 단어

1 다음 빈칸을 알맞게 채우세요.

한자	병음	뜻
❶	lǐwù	선물
为	wèi	❷
敬	❸	(음식이나 물건을) 올리다, 바치다
些	xiē	❹
❺	jiànkāng	건강, 건강하다
万事如意	❻	모든 일이 뜻대로 이루어지다
过	❼	(시간을) 보내다, 지내다
❽	jìng jiǔ	술을 올리다

2 다음 보기에서 알맞은 단어를 골라 써 보세요.

> **보기**　为　健康　礼物　照顾

❶ 这是我给你买的＿＿＿＿＿＿＿。

❷ 谢谢你们＿＿＿＿＿＿我过生日。

❸ 祝您身体＿＿＿＿＿＿，万事如意!

❹ 非常感谢您一直＿＿＿＿＿我。

Track25

1 녹음을 듣고 빈칸을 채운 후, 말해 보세요.

同学 王老师，祝您❶＿＿＿＿＿＿＿！

东民 这是我们给您买的生日❷＿＿＿＿＿＿＿。

老师 谢谢你们❸＿＿＿＿＿＿＿，我真开心！

大家别客气，喜欢吃什么❹＿＿＿＿＿＿！

安娜 老师，我们非常❺＿＿＿＿您的❻＿＿＿＿＿＿＿＿＿。

老师 这些都是老师❼＿＿＿＿＿＿＿。

东民 老师，我们❽＿＿＿＿＿＿＿！

祝您身体健康、❾＿＿＿＿＿＿＿！

2 위의 회화를 보고 다음 질문에 중국어로 대답해 보세요.

❶ 同学们为谁过生日？ 🎤 ＿＿＿＿＿＿＿＿＿＿＿＿＿＿＿

❷ 他们给王老师买了什么？ 🎤 ＿＿＿＿＿＿＿＿＿＿＿＿＿＿＿

❸ 安娜感谢王老师什么？ 🎤 ＿＿＿＿＿＿＿＿＿＿＿＿＿＿＿

❹ 东民祝王老师什么？ 🎤 ＿＿＿＿＿＿＿＿＿＿＿＿＿＿＿

1 다음을 해석하세요.

❶ 为了身体健康，他每天都打太极拳。

➡ _____

❷ 你想什么时候去就什么时候去。 ➡ _____

❸ 我敬张先生一杯茶。 ➡ _____

❹ 你决定怎么做就怎么做。 ➡ _____

2 다음을 중작하세요.

❶ 이 일은 당신을 위해 하는 거예요. ➡ _____

❷ 당신이 먹고 싶은 것을 드세요. ➡ _____

❸ 제가 당신께 한 잔 올릴게요. ➡ _____

❹ 당신이 가는 곳으로 나는 갈게요. ➡ _____

3 틀린 문장을 바르게 고치세요.

❶ 我为您想唱一首歌。 ➡ _____

❷ 为妈妈我洗衣服。 ➡ _____

❸ 你想买就什么买什么。 ➡ _____

❹ 老师敬我一杯酒。 ➡ _____

Track26

1 녹음을 듣고 빈칸을 채운 후, 읽어 보세요.

今天王老师过生日。王老师❶_____ 来他家吃饭。王老师准备了❷_____的中国菜，❸_____：宫保鸡丁、锅包肉、地三鲜等等。

晚上七点❹_____都来了。学生们❺_____王老师生日蛋糕和礼物。东民特别感谢王老师❻_____关心他、❼_____他。学生们为王老师的生日干杯，大家祝王老师❽_____、万事如意。

2 제시된 단어를 이용하여 다음 문장을 중국어로 말해 보세요.

❶ 왕 선생님은 학생들을 집으로 초대하여 밥을 먹었습니다. (请)

🎤 _____

❷ 왕 선생님은 각양각색의 중국요리를 준비했습니다. (准备)

🎤 _____

❸ 학생들은 왕 선생님께 생일 케이크와 선물을 드렸습니다. (送给)

🎤 _____

❹ 모두들 왕 선생님이 건강하시고, 만사형통하시길 기원했습니다. (祝)

🎤 _____

下星期就要回国了。

다음 주면 곧 귀국해요.

맛있는 단어

1 다음 빈칸을 알맞게 채우세요.

한자	병음	뜻
❶	jiùyào…le	곧 ~하려고 하다
回国	huí guó	❷
收获	❸	수확, 성과, 수확하다
❹	lián…yě	~조차도
❺	chúle	~를 제외하고
以外	❻	이외, 이상, 밖
交朋友	jiāo péngyou	❼

2 다음 보기에서 알맞은 단어를 골라 써 보세요.

보기   收获   文化   回国   除了

❶ 这次来中国学习，_____挺大的。

❷ _____学习以外，还去了很多地方。

❸ 我下星期就要_____了。

❹ 我对中国_____很感兴趣。

Track27

1 녹음을 듣고 빈칸을 채운 후, 말해 보세요.

东民   时间❶_____!

安娜   是啊。下星期就要回国了。

东民   这次来中国学习，❷_____挺大的。

安娜   ❸_____。

       刚来的时候，我连❹_____也不会说，

       ❺_____跟中国人聊天儿了。

东民   而且除了学汉语以外，我们❻_____中国了。

安娜   ❼_____不少中国朋友呢。

东民   我❽_____喜欢中国了，❾_____再来中国。

2 위의 회화를 보고 다음 질문에 중국어로 대답해 보세요.

❶ 他们什么时候回国？   🎤 _____

❷ 安娜刚来中国的时候，汉语怎么样？ 🎤 _____

❸ 除了学汉语以外，他们还有什么收获？

🎤 _____

❹ 东民希望有机会做什么？   🎤 _____

1 다음을 해석하세요.

➊ 假期就要到了。　　　　　➡ _____

➋ 我下个月就要回国了。　　➡ _____

➌ 连孩子都知道，他当然知道。➡ _____

➍ 除了东民以外，迈克也会喝酒。➡ _____

2 다음을 중작하세요.

➊ 우리는 곧 베이징에 도착해요.　　➡ _____

➋ 오늘 그는 밥도 못 먹었어요.　　➡ _____

➌ 왕 선생님을 제외하고, 다른 사람은 모두 왔습니다.

➡ _____

➍ 베이징 외에, 나는 상하이와 항저우도 가 본 적이 있어요.

➡ _____

3 틀린 문장을 바르게 고치세요.

➊ 我明天快要回国了。　　　➡ _____

➋ 连一句也不会说英语。　　➡ _____

➌ 我除了以外，他们也喜欢旅游。➡ _____

➍ 我弟弟快要了毕业。　　　➡ _____

1 녹음을 듣고 빈칸을 채운 후, 읽어 보세요.

东民的学习❶＿＿＿＿＿＿。东民觉得来中国学习❷＿＿＿＿＿＿。他❸＿＿＿＿＿＿，连一句汉语也不会说。可是现在都能跟中国朋友聊天儿了，❹＿＿＿＿＿＿学汉语以外，也更了解❺＿＿＿＿＿＿了。

　　❻＿＿＿＿＿＿东民的同学都是从❼＿＿＿＿＿＿来的，但是现在都❽＿＿＿＿＿＿。东民很❾＿＿＿＿＿＿离开中国，也❿＿＿＿＿＿离开朋友们。

2 제시된 단어를 이용하여 다음 문장을 중국어로 말해 보세요.

❶ 동민이는 중국에 와서 공부한 것은 성과가 굉장히 컸다고 생각합니다. (收获)

🎤 ＿＿＿＿＿＿＿＿＿＿＿＿＿＿＿＿＿＿＿＿＿＿＿＿＿＿＿＿＿＿

❷ 그가 막 왔을 때는 중국어를 한마디도 할 줄 몰랐습니다. (刚, 连…也)

🎤 ＿＿＿＿＿＿＿＿＿＿＿＿＿＿＿＿＿＿＿＿＿＿＿＿＿＿＿＿＿＿

❸ 중국어를 배운 것 외에, 중국 문화도 훨씬 더 이해하게 되었습니다. (除了…以外)

🎤 ＿＿＿＿＿＿＿＿＿＿＿＿＿＿＿＿＿＿＿＿＿＿＿＿＿＿＿＿＿＿

❹ 동민이는 중국을 떠나는 게 매우 아쉽고, 친구들과 헤어지는 것도 아쉽습니다. (舍不得)

🎤 ＿＿＿＿＿＿＿＿＿＿＿＿＿＿＿＿＿＿＿＿＿＿＿＿＿＿＿＿＿＿

정답

1과 我是来学汉语的。
나는 중국어를 배우러 왔어요.

맛있는 단어

1. ① 알아맞히다, 추측하다 ② 越来越
   ③ liúlì ④ 이후
   ⑤ 以前 ⑥ chà de yuǎn
   ⑦ 서로, 상호 ⑧ 帮助
   ⑨ Hànyǔ

2. ① 学汉语的人越来越多了。
   ② 我猜你一定是中国人。
   ③ 我们以后互相帮助吧。
   ④ 他韩语说得很流利。

맛있는 회화

1. ① 是来学汉语的 ② 一定是
   ③ 对了 ④ 我是学韩语的
   ⑤ 真的 ⑥ 越来越多了
   ⑦ 一定很流利 ⑧ 哪儿啊
   ⑨ 差得远

2. ① 他是来学汉语的。
   ② 他是学韩语的。
   ③ 现在中国学韩语的人越来越多了。
   ④ 他韩语说得不太好，还差得远呢。

맛있는 어법

1. ① 나는 작년 8월에 왔어요.
   ② 아빠는 어제 오신 것이 아니에요.
   ③ 사람은 많을수록 좋아요.
   ④ 중국어가 점점 재미있어졌어요.

2. ① 我是坐飞机来的。
   ② 我是跟朋友一起来的。
   ③ 天气越来越热了。
   ④ 我是从韩国来的。

3. ① 我是来学韩语的。
   ② 他不是开车来的。
   ③ 雨越下越大。
   ④ 汉语越来越难了。

맛있는 이야기

1. ① 留学生 ② 大学生
   ③ 专业二年级 ④ 年轻人
   ⑤ 韩国电视剧 ⑥ 用功学习
   ⑦ 还不太流利 ⑧ 希望
   ⑨ 有机会

2. ① 东民是韩国留学生，他是来中国学汉语的。
   ② 他是韩语专业二年级的学生。
   ③ 他觉得自己的韩语说得还不太流利。
   ④ 他希望以后有机会去韩国留学。

2과 我学了一年半汉语了。
나는 1년 반 동안 중국어를 배웠어요.

맛있는 단어

1. ① 水平 ② cái
   ③ 정식적이다 ④ gāng
   ⑤ 刚才 ⑥ 聊天儿
   ⑦ liáo ⑧ 비록 ~하지만

2. ① 他经常和中国朋友聊天儿。
   ② 他说的话，我一句也听不懂。
   ③ 你的汉语水平真高!
   ④ 刚开始我觉得很难。

맛있는 회화

1. ① 这么高 ② 一点儿
   ③ 以后才 ④ 多长时间
   ⑤ 一年半 ⑥ 刚开始
   ⑦ 不容易 ⑧ 聊天儿

2. ① 他在韩国学过一点儿汉语。
   ② 他是来中国以后才正式学汉语的。
   ③ 他在中国学了一年半了。
   ④ 刚开始他觉得学汉语很难。

1 ❶ 그는 아홉 시 반이 되어서야 비로소 왔어요.
　❷ 그는 8시간 잤어요.
　❸ 그들은 두 시간째 영화를 보고 있어요.
　❹ 나는 올해 겨우 20살이에요.

2 ❶ 我学汉语学了一年了。 또는
　　 我学了一年(的)汉语了。
　❷ 你打算休息几天？
　❸ 现在才八点。
　❹ 他看了一个小时(的)书。 또는
　　 他看书看了一个小时。

3 ❶ 这个孩子四岁才会说话。
　❷ 火车刚走。
　❸ 你寄的东西后天才能到。
　❹ 我每天工作八个小时。

맛있는 **이야기**

1 ❶ 学汉语学　　❷ 一句
　❸ 也不会　　　❹ 都能
　❺ 用功　　　　❻ 只说
　❼ 不说　　　　❽ 找机会
　❾ 进步很大　　❿ 有意思

2 ❶ 东民在中国学汉语学了一年半了。
　❷ 刚来的时候，他一句汉语也不会说。
　❸ 下课以后，他常常找机会和中国朋友说话。
　❹ 他觉得学汉语虽然不容易，但是挺有意思的。

3과 麻烦您请他接电话。
번거로우시겠지만 그에게 전화 좀 받아 달라고 해 주세요.

맛있는 **단어**

1 ❶ āyí　　　　❷ 麻烦
　❸ 请　　　　　❹ jiē
　❺ 전화를 끊다　❻ 번호
　❼ 回电话　　　❽ 또, 다시

❾ biàn

2 ❶ 你的手机号码是多少？
　❷ 喂，请问李阿姨在吗？
　❸ 麻烦您请他接电话。
　❹ 我没听见，你再说一遍。

맛있는 **회화**

1 ❶ 喂　　　　　❷ 哪位
　❸ 请他接　　　❹ 打他手机
　❺ 告诉我　　　❻ 手机号
　❼ 慢慢儿地

2 ❶ 他给龙龙打电话。
　❷ 他说他是龙龙的朋友，叫李东民。
　❸ 他不在家。
　❹ 他的手机号是13012345678。

맛있는 **어법**

1 ❶ 처음 뵙겠습니다. 잘 부탁드립니다.
　❷ 친구는 나를 그의 집으로 놀러 오라고 초청했어요.
　❸ 이씨 아주머니는 친절하게 나를 도와주셨어요.
　❹ 이 영화를 나는 다섯 번 본 적이 있어요.

2 ❶ 儿子高高兴兴地跑来了。 또는
　　 儿子高兴地跑来了。
　❷ 请(您)再说一遍。
　❸ 明天我请你看电影。
　❹ 请坐，请喝茶！

3 ❶ 老师请我们吃饭了。
　❷ 我想请你喝茶。
　❸ 请慢慢儿地说。
　❹ 这本书我看过一遍。

맛있는 **이야기**

1 ❶ 这个星期六　　❷ 来北京出差
　❸ 改一下　　　　❹ 理解
　❺ 还给他推荐了　❻ 好玩儿
　❼ 说好　　　　　❽ 感谢

2 ❶ 周末东民的叔叔突然来北京出差。
　❷ 所以东民给龙龙打电话，想改一下时间。
　❸ 东民打电话的时候，龙龙很理解东民。
　❹ 最后他们说好下个周末再去故宫。

4과 你对足球感兴趣吗?
당신은 축구에 관심이 있나요?

맛있는 단어

1 ❶ 足球   ❷ gǎn xìngqù
   ❸ (발로) 차다   ❹ Shìjièbēi
   ❺ 那还用说   ❻ 팀, 부대
   ❼ 比赛   ❽ 이기다
   ❾ 不但A，而且B

2 ❶ 我希望韩国能赢。
   ❷ 你足球踢得怎么样?
   ❸ 我最喜欢北京队。
   ❹ 我弟弟对篮球很感兴趣。

맛있는 회화

1 ❶ 对足球   ❷ 不但
   ❸ 而且   ❹ 一定看
   ❺ 那还用说   ❻ 韩国队
   ❼ 看世界杯   ❽ 一定能赢
   ❾ 那可不一定

2 ❶ 他对足球感兴趣。
   ❷ 他最近看世界杯。
   ❸ 今晚有韩国队的比赛。
   ❹ 他们晚上在小英家看球赛。

맛있는 어법

1 ❶ 나는 중국 역사에 비교적 관심이 있어요.
   ❷ 그는 영어를 말할 수 있을 뿐만 아니라, 중국어도 말할 수 있어요.
   ❸ 할아버지께서는 꼭 오늘 오시는 것은 아니에요.
   ❹ 그는 한국 문화에 매우 관심이 있어요.

2 ❶ 我对他说的话不感兴趣/没有兴趣。
   ❷ 你对足球感兴趣/有兴趣吗?
   ❸ 什么时候出发还不一定。
   ❹ 我不但会开车，而且开得很好。

3 ❶ 我对历史很感兴趣。
   ❷ 那可不一定!
   ❸ 明天不但刮大风，而且下大雨。
   ❹ 不但他喜欢吃中国菜，而且他父母也喜欢。

맛있는 이야기

1 ❶ 足球迷   ❷ 踢球
   ❸ 加入了   ❹ 每天下课
   ❺ 正在进行   ❻ 常常熬夜
   ❼ 对意大利队   ❽ 希望
   ❾ 赢

2 ❶ 他不但喜欢看球，而且喜欢踢球。
   ❷ 每天下课以后都去操场踢球。
   ❸ 他常常熬夜看现场直播。
   ❹ 东民希望这次韩国队能赢意大利队。

5과 对不起，我恐怕去不了。
미안해요. 나는 아마 못 갈 것 같아요.

맛있는 단어

1 ❶ kòng   ❷ 恐怕
   ❸ …不了   ❹ …de liǎo
   ❺ 중요하다   ❻ 약속, 약속하다
   ❼ bù   ❽ 放心
   ❾ 걱정하다   ❿ 对话

2 ❶ 我来帮你，放心吧!
   ❷ 我看了一部美国电影。
   ❸ 太多了，我吃不了。
   ❹ 我晚上有一个重要的约会。

맛있는 회화

1 ❶ 想请你   ❷ 恐怕去不了
   ❸ 怎么了   ❹ 约会
   ❺ 什么时候   ❻ 后天晚上
   ❼ 对话太快   ❽ 听不懂
   ❾ 中文字幕   ❿ 看得懂

2 ❶ 他今天晚上不能去看电影。
   ❷ 他晚上有一个重要的约会。
   ❸ 他后天晚上有时间。
   ❹ 他想请东民看一部很有意思的中国电影。

맛있는 어법

1 ❶ 요즘 내가 바빠서, 아마 당신을 만날 시간이 없을
   거예요.
   ❷ 오늘 저녁 여덟 시 이전에 돌아올 수 있어요?
   ❸ 내 남동생은 독일어를 할 줄 알아요.
   ❹ 시간이 너무 늦었어요. 그는 올 리가 없어요.

2 ❶ 今天下午会下雪。
   ❷ 我会打篮球。
   ❸ 那座山太高了，我爬不了。
   ❹ 这本书很难，我恐怕看不懂。

3 ❶ 今天晚上我有事，恐怕去不了。
   ❷ 五瓶啤酒他喝得了吗?
   ❸ 小王恐怕还没做完。[또는]
      恐怕小王还没做完。
   ❹ 我觉得他会赢的。

맛있는 이야기

1 ❶ 电影院   ❷ 上映一部
   ❸ 两张票   ❹ 常看
   ❺ 一次也没   ❻ 韩语字幕
   ❼ 也看不懂   ❽ 肯定没问题

2 ❶ 最近电影院正在上映一部新电影。
   ❷ 龙龙买了两张票，请东民一起看。
   ❸ 来中国以后，一次也没去过电影院。
   ❹ 这部电影是没有韩语字幕的，恐怕听不
      懂。

---

6 과 我一喝酒就脸红。
나는 술만 마시면 얼굴이 빨개져요.

맛있는 단어

1 ❶ 服务员   ❷ 요리를 주문하다
   ❸ qǐng kè   ❹ 别
   ❺ hé   ❻ 입맛
   ❼ 과일 주스   ❽ 行
   ❾ liǎn hóng

2 ❶ 不行，我不能喝酒。

---

❷ 今天我请客，别客气。
❸ 你来点菜吧!
❹ 这个菜不合我的口味。

맛있는 회화

1 ❶ 点什么菜   ❷ 来一个
   ❸ 别客气   ❹ 再要一个
   ❺ 不合   ❻ 咱们
   ❼ 来两瓶   ❽ 一喝酒就
   ❾ 头疼

2 ❶ 他们点了一个鱼香肉丝、一个糖醋鱼。
   ❷ 酸辣汤不合东民的口味。
   ❸ 他们要喝果汁儿。
   ❹ 她一喝酒就脸红、头疼。

맛있는 어법

1 ❶ 우리 소주 한 병 더 시키는 거 어때요?
   ❷ 단 것을 많이 먹지 마세요.
   ❸ 당신은 한국에 도착하자마자 나에게 전화하세요.
   ❹ 자, 우리 건배합시다!

2 ❶ 你今天别回去了，睡在这儿吧。
   ❷ 我一下课就回家了。
   ❸ 来一个鱼香肉丝。
   ❹ 你来干什么?

3 ❶ 来一个酸辣汤，怎么样?
   ❷ 他一回家就做饭。
   ❸ 你别客气。[또는]
      你不要客气。
   ❹ 再来一瓶酒。

맛있는 이야기

1 ❶ 拿到了   ❷ 工资
   ❸ 新开了一家   ❹ 决定
   ❺ 他们点了   ❻ 本来
   ❼ 不会喝酒   ❽ 吃得很开心

2 ❶ 安娜今天拿到了打工的工资，很高兴。
   ❷ 她决定去那儿请客。
   ❸ 本来东民想喝啤酒，不过安娜不会喝酒。
   ❹ 今天他们吃得很开心。

정답

7과 高铁票卖光了。
가오티에(고속 열차)표는 다 팔렸어요.

단어

1 ❶ Hángzhōu ❷ 高铁
  ❸ 매표원 ❹ mài
  ❺ 光 ❻ zuǒyòu
  ❼ 침대칸 ❽ 让
  ❾ 여권

2 ❶ 请让我看一下你的护照。
  ❷ 有去杭州的高铁票吗？
  ❸ 坐动车到杭州十个小时左右。
  ❹ 卧铺票卖光了。

회화

1 ❶ 高铁票 ❷ 几号
  ❸ 五月一号 ❹ 卖光了
  ❺ 只有 ❻ 坐动车到
  ❼ 七点开 ❽ 有没有
  ❾ 让我看一下

2 ❶ 她要去杭州。
  ❷ 她要买五月一号的票。
  ❸ 坐动车到杭州要十三个小时左右。
  ❹ 她坐的动车晚上七点开。

어법

1 ❶ 고양이가 생선을 남김없이 다 먹어 버렸어요.
  ❷ 그가 오후 3시 정도에 오겠다고 말했어요.
  ❸ 아빠는 저에게 물건을 사러 가라고 시키셨어요.
  ❹ 선생님이 당신에게 사무실에 가라고 하셨어요.

2 ❶ 请让我看一看您的身份证。
  ❷ 这件衣服三百块左右。
  ❸ 钱都花光了。
  ❹ 请让一下。

3 ❶ 他把牛奶喝光了。
  ❷ 坐动车十个小时左右。
  ❸ 妈妈不让弟弟吃零食。
  ❹ 找工作让我很头疼。

이야기

1 ❶ 一直没时间 ❷ 劳动节
  ❸ 三天假 ❹ 还没坐过
  ❺ 火车站 ❻ 售票员
  ❼ 买了一张 ❽ 卧铺票

2 ❶ 安娜来中国以后，一直没时间去旅游。
  ❷ 她想趁着放假去杭州旅游。
  ❸ 安娜还没坐过中国的高铁，所以她决定坐高铁去。
  ❹ 售票员告诉她高铁票都卖光了，只有动车票。

8과 这儿可以刷卡吗？
이곳에서 카드를 사용할 수 있나요？

단어

1 ❶ 刷卡 ❷ yòng
  ❸ 현금 ❹ 怎么办
  ❺ chéng ❻ 바꾸다, 교환하다
  ❼ 직원 ❽ huìlǜ
  ❾ tián ❿ biǎo

2 ❶ 今天的汇率是多少？
  ❷ 我想把人民币换成美元。
  ❸ 这儿可以用现金吗？
  ❹ 请填一下这张表。

회화

1 ❶ 可以刷卡 ❷ 不能刷卡
  ❸ 只有 ❹ 对面有一家
  ❺ 把美元换成 ❻ 是多少
  ❼ 这张表 ❽ 点一下

2 ❶ 那家商店不能刷卡。
  ❷ 他没有人民币，只有美元。
  ❸ 售货员让迈克去银行换钱。
  ❹ 他换了一千三百块(人民币)。

맛있는 어법

1
① 여기서 달러를 사용할 수 있나요?
② 나는 헌 컴퓨터를 새 것으로 바꾸고 싶어요.
③ 인원수를 세어 보세요.
④ 나는 타자를 칠 수 있어요.

2
① 我一分钟能打三百个字。
② 我把蛋糕吃得干干净净。또는
　我把蛋糕吃得很干净。
③ 今天的汇率是一比八点三五。
④ 这儿不能抽烟。

3
① 我们这儿不能用美元。
② 我想把人民币换成美元。
③ 我没把蛋糕吃完。
④ 你来点菜吧。

맛있는 이야기

1
① 买东西　　　　② 一条牛仔裤
③ 结账　　　　　④ 发现
⑤ 打算刷卡　　　⑥ 只收现金
⑦ 对面　　　　　⑧ 又花钱了

2
① 今天他去逛街的时候，看到一条牛仔裤
　很好看，特别想买。
② 可是他结账的时候，发现没有人民币，
　只有美元。
③ 售货员告诉他不能刷卡，只收现金。
④ 他只好去对面的中国银行换钱了。

⑨과 抽烟对身体不好。
담배를 피우는 것은 건강에 좋지 않아요.

맛있는 단어

1
① 又　　　　　　② 담배를 피우다
③ tǎoyàn　　　　④ 味儿
⑤ āiyā　　　　　⑥ 만약 ~라면
⑦ jiè　　　　　　⑧ 对了
⑨ 케이크

2
① 我最讨厌你喝酒了。

② 他怎么又没来？
③ 要是你把烟戒了就好了。
④ 这是什么味儿啊？

맛있는 회화

1
① 讨厌烟味儿　　② 不好意思
③ 少抽点儿　　　④ 八百遍
⑤ 把烟戒了　　　⑥ 买回来
⑦ 吃完了　　　　⑧ 都吃光了

2
① 她讨厌烟味儿。
② 抽烟对身体不好。
③ 要是东民把烟戒了，她就不说了。
④ 他们昨天买回来了蛋糕。

맛있는 어법

1
① 그는 어제 수업에 오지 않았는데, 오늘 또 안 왔어요.
② 만약 무슨 어려움이 있으면 나에게 알려 주세요.
③ 수업이 끝나자마자 그는 교실에서 뛰어 나왔어요.
④ 이거 당신에게 선물해 줄게요. 가지고 돌아가세요.

2
① 请把垃圾捡起来。
② 他现在不在，你明天再来吧。
③ 他又抽烟了。
④ 要是我的汉语能说得那么流利就好了。

3
① 欢迎下次再来。
② 他买回来了一个蛋糕。
③ 他今天又加班了。
④ 要是你戒了，我就不说了。

맛있는 이야기

1
① 交了　　　　　② 互相帮助
③ 性格也很好　　④ 坏习惯
⑤ 一闻　　　　　⑥ 就头疼
⑦ 经常因为　　　⑧ 戒过烟
⑨ 成功　　　　　⑩ 那多好啊

2
① 他们俩互相帮助，关系特别好。
② 他有个坏习惯，就是爱抽烟。
③ 他们俩经常因为抽烟吵架。
④ 东民以前戒过烟，但是都没成功。

정답

10과 你还是打车去吧。
당신은 택시를 타고 가는 게 좋겠어요.

맛있는 단어

1 ❶ 대략　　　　　　　❷ 难受
　❸ 택시를 타다, 택시를 잡다
　❹ dìtiě　　　　　　❺ děi
　❻ 公交车　　　　　❼ jǐ
　❽ 답답하다, 갑갑하다　❾ 还是

2 ❶ 坐公交车太挤了。
　❷ 从这儿走到那儿大概十分钟。
　❸ 没办法，你还是打车去吧。
　❹ 可以坐地铁去吗？

맛있는 회화

1 ❶ 怎么走　　　　　❷ 往前走
　❸ 就到了　　　　　❹ 太远了
　❺ 可以是可以　　　❻ 换车
　❼ 麻烦　　　　　　❽ 又挤又闷
　❾ 坐在里边儿　　　❿ 还是

2 ❶ 去王府井饭店大概要走二十分钟。
　❷ 坐地铁得换车。
　❸ 他觉得公交车又挤又闷，坐在里边儿特
　　别难受。
　❹ 最后龙龙让东民打车去。

맛있는 어법

1 ❶ 나는 집으로 돌아가야 해요.
　❷ 중국요리는 맛있기는 맛있는데, 기름이 너무 많아요.
　❸ 듣자 하니 중국요리는 만들기 어렵다고 해요.
　❹ 우리는 국내에서 여행하는 편이 좋겠어요.

2 ❶ 我们得商量商量。
　❷ 还是我来写吧。
　❸ 他来不来很难说。
　❹ 想买是想买，不过我没有钱。

3 ❶ 好看是好看，不过太贵了。
　❷ 韩国菜很难做。
　❸ 你还是坐地铁吧。
　❹ 你找工作还是读研究生？

맛있는 이야기

1 ❶ 王府井饭店　　　❷ 第一次
　❸ 向　　　　　　　❹ 打听了一下
　❺ 或者　　　　　　❻ 走路去
　❼ 难受　　　　　　❽ 只好

2 ❶ 今天东民在王府井饭店有一个聚会。
　❷ 这是他第一次去那儿，不知道怎么走。
　❸ 坐地铁得换车，很麻烦。
　❹ 没办法，最后东民只好打车去了。

11과 自行车被小偷儿偷走了。
도둑에게 자전거를 도둑맞았어요.

맛있는 단어

1 ❶ 脸色　　　　　　❷ tí
　❸ dǎoméi　　　　　❹ 충분하다, 대단하다
　❺ diū　　　　　　　❻ 조심하다, 주의하다
　❼ 遇到　　　　　　❽ liàng
　❾ 被　　　　　　　❿ 도둑, 좀도둑

2 ❶ 我新买了一辆自行车。
　❷ 别提了，这次又没成功。
　❸ 我丢了两百块钱。
　❹ 真倒霉，我的钱包被偷了。

맛있는 회화

1 ❶ 这么难看　　　　❷ 别提了
　❸ 怎么了　　　　　❹ 不小心丢了
　❺ 好几件　　　　　❻ 还有什么
　❼ 刚买了　　　　　❽ 就被
　❾ 运气真不好

2 ❶ 她的脸色很难看。
　❷ 她的钱包不小心丢了。
　❸ 她的自行车被小偷儿偷走了。
　❹ 东民觉得最近安娜的运气真不好。

맛있는 어법

1 ❶ 최근에 여자 친구와 헤어져서 너무 슬퍼요.

64 맛있는 중국어 Level ❹ 워크북

❷ 우리는 여러 해 동안 만나지 못했어요.

❸ 나는 차 한 대에 치였어요.

❹ 당신의 컴퓨터는 내가 이미 책상에 두었어요.

2 ❶ 秋天到了，苹果都熟透了。

❷ 上海很好玩儿。

❸ 牛奶被妹妹喝光了。

❹ 我没被爸爸打。

3 ❶ 我最近倒霉透了。

❷ 我遇到好几件倒霉事儿了。

❸ 我的钱包被偷(走)了。

❹ 咖啡被我喝了。

맛있는 **이야기**

1 ❶ 在图书馆　　❷ 出了什么事儿

❸ 倒霉透了　　❹ 逛商店

❺ 钱包　　❻ 在饭馆儿

❼ 新买的　　❽ 不见了

❾ 心想

2 ❶ 东民在图书馆遇到了安娜。

❷ 安娜的脸色很不好，好像出了什么事儿。

❸ 今天上午她逛商店的时候，钱包不小心丢了。

❹ 她在饭馆儿吃饭的时候，新买的自行车不见了，被小偷儿偷了。

1 ❶ 现在才来　　❷ 等你等了

❸ 让你久等　　❹ 所以迟到了

❺ 早点儿出来　　❻ 就出来

❼ 原来是这样　　❽ 离这儿多远

❾ 左右

2 ❶ 路上堵车了。

❷ 他路上堵了三十分钟。

❸ 他是七点钟出来的。 또는
他七点钟就出来了。

❹ 坐车半个小时左右。

1 ❶ 우리는 내일 곧바로 출발할 수 있어요.

❷ 나는 당신을 두 시간 동안 기다렸어요.

❸ 그는 비록 졌지만 포기하지 않았어요.

❹ 우리 먼저 밥을 먹고 나서 커피를 마셔요.

2 ❶ 我七点(钟)才出来。

❷ 我看了一个小时。

❸ 他不但很聪明，而且很认真。

❹ 因为天气不好，所以去不了。

3 ❶ 我看了半天才看懂。

❷ 八点上课，他七点就来了。

❸ 我等了你一个小时。 또는
我等你等了一个小时。

❹ 如果遇到什么困难，就问我。

12과 我等你等了半天了。
나는 당신을 한참 동안 기다렸어요.

1 ❶ 半天　　❷ jiǔ

❸ 路上　　❹ 차가 막히다

❺ 迟到　　❻ yīnggāi

❼ 시각, 시간　　❽ yuánlái

❾ Běihǎi Gōngyuán

2 ❶ 他十一点钟才起床。

❷ 上下班的时候经常堵车。

❸ 我等了你很久了。

❹ 你应该早点儿出发。

맛있는 **이야기**

1 ❶ 这几天　　❷ 开得很漂亮

❸ 早上八点　　❹ 学校门口儿

❺ 半个小时　　❻ 生气

❼ 都八点半了　　❽ 其实

❾ 没想到　　❿ 这么厉害

2 ❶ 这几天北海公园的花儿开得很漂亮。

❷ 小英七点五十分就到了。

❸ 等了半个小时了，东民还没来，她很生气。

❹ 没想到路上堵车堵得这么厉害!

정답

祝你生日快乐!
생일 축하합니다!

맛있는 단어

1 ❶ 礼物　　　　　❷ ~를 위하여
　❸ jìng　　　　　❹ 약간, 조금
　❺ 健康　　　　　❻ wànshì rúyì
　❼ guò　　　　　❽ 敬酒

2 ❶ 这是我给你买的礼物。
　❷ 谢谢你们为我过生日。
　❸ 祝您身体健康，万事如意!
　❹ 非常感谢您一直照顾我。

맛있는 회화

1 ❶ 生日快乐　　　❷ 礼物和蛋糕
　❸ 为我过生日　　❹ 就吃什么
　❺ 感谢　　　　　❻ 关心和帮助
　❼ 应该做的　　　❽ 敬您一杯
　❾ 万事如意

2 ❶ 同学们为王老师过生日。
　❷ 他们给王老师买了生日礼物和蛋糕。
　❸ 她感谢王老师的关心和帮助。
　❹ 他祝王老师身体健康、万事如意。

맛있는 어법

1 ❶ 신체를 건강하게 하기 위해, 그는 매일 태극권을 해요.
　❷ 당신이 가고 싶을 때 가세요.
　❸ 제가 장 선생님께 차 한 잔 드릴게요.
　❹ 당신이 결정한 대로 하세요.

2 ❶ 这件事是为你做的。
　❷ 你想吃什么就吃什么。
　❸ 我敬您一杯。
　❹ 你去哪儿，我就去哪儿。

3 ❶ 我想为您唱一首歌。
　❷ 我为妈妈洗衣服。
　❸ 你想买什么就买什么。
　❹ 我敬老师一杯酒。

맛있는 이야기

1 ❶ 请学生们　　　❷ 各种各样
　❸ 比如　　　　　❹ 大家
　❺ 送给了　　　　❻ 像爸爸一样
　❼ 照顾　　　　　❽ 身体健康

2 ❶ 王老师请学生们来他家吃饭。
　❷ 王老师准备了各种各样的中国菜。
　❸ 学生们送给了王老师生日蛋糕和礼物。
　❹ 大家祝王老师身体健康、万事如意。

下星期就要回国了。
다음 주면 곧 귀국해요.

맛있는 단어

1 ❶ 就要…了　　　❷ 귀국하다
　❸ shōuhuò　　　❹ 连…也
　❺ 除了　　　　　❻ yǐwài
　❼ 친구를 사귀다

2 ❶ 这次来中国学习，收获挺大的。
　❷ 除了学习以外，还去了很多地方。
　❸ 我下星期就要回国了。
　❹ 我对中国文化很感兴趣。

맛있는 회화

1 ❶ 过得真快　　　❷ 收获
　❸ 我也这么想　　❹ 一句汉语
　❺ 现在都能　　　❻ 也更了解
　❼ 还交了　　　　❽ 越来越
　❾ 希望有机会

2 ❶ 他们下星期就要回国了。
　❷ 她刚来中国的时候，连一句汉语也不会说。
　❸ 除了学汉语以外，他们也更了解中国了，还交了不少中国朋友。
　❹ 他希望有机会再来中国。

맛있는 어법

1 ❶ 곧 방학이에요.

❷ 나는 다음 달에 곧 귀국할 거예요.

❸ 아이조차도 아는데, 그도 당연히 알겠죠.

❹ 동민이 외에, 마이크도 술을 마실 수 있어요.

2 ❶ 我们快(要)到北京了。 또는

我们就要到北京了。

❷ 今天他连饭也没吃。

❸ 除了王老师以外，别人都来了。

❹ 除了北京以外，我还去过上海、杭州。

3 ❶ 我明天就要回国了。

❷ 连一句英语也不会说。

❸ 除了我以外，他们也喜欢旅游。

❹ 我弟弟快要毕业了。

맛있는 이야기

1 ❶ 就要结束了 ❷ 收获特别大

❸ 刚来的时候 ❹ 而且除了

❺ 中国文化 ❻ 虽然

❼ 不同的国家 ❽ 成了好朋友

❾ 舍不得 ❿ 舍不得

2 ❶ 东民觉得来中国学习收获特别大。

❷ 他刚来的时候，连一句汉语也不会说。

❸ 除了学汉语以外，也更了解中国文化了。

❹ 东民很舍不得离开中国，也舍不得离开
朋友们。